Irmtraud Tarr Krüger

Schutzengel

HERDER spektrum

Band 5140

Das Buch

Engelerfahrungen weisen über den Alltag hinaus. Immer mehr Menschen berichten von ihnen. Sie sprechen von Sehnsucht und Geborgenheit. Solche Erfahrungen bewahren das Gefährdete, ermöglichen äußere Hilfen und schaffen Zugang zu inneren Kräften. Die bekannte Psychologin zeigt, wieviel kreatives Potenzial in dem Bereich der Seele steckt, mit dem Engel wahrgenommen werden. Allerdings lassen Engel nicht über sich verfügen. Auf sie zu vertrauen heißt auch, offen zu sein, Risiken einzugehen und den eigenen „Lebensauftrag" zu erkennen. In den Engeln steckt eine Dimension, die über den Alltag hinausweist. Sie sind Boten, die in verschiedenen Gestalten kommen – man muss sie nur wahrnehmen.

Der Autor

Irmtraud Tarr Krüger, Dr. phil., ist Psychotherapeutin und Musiktherapeutin in eigener Praxis in Rheinfelden. Sie ist außerdem Konzertorganistin und Autorin mehrerer erfolgreicher Bücher. Bei Herder Spektrum: Vom leichten Glück der einfachen Dinge; Das Leben meint es gut mit dir; Die magische Kraft der Beachtung. Sehen und gesehen werden.

Irmtraud Tarr Krüger

Schutzengel

Boten aus dem Raum der Seele

HERDER

FREIBURG · BASEL · WIEN

Gedruckt auf umweltfreundlichem,
chlorfrei gebleichtem Papier

3. Auflage

Alle Rechte vorbehalten – Printed in Germany
© Verlag Herder Freiburg im Breisgau 1999
www.herder.de
Herstellung: fgb · freiburger graphische betriebe 2003
www.fgb.de
Umschlaggestaltung und Konzeption:
R·M·E München / Roland Eschlbeck, Liana Tuchel
ISBN 3-451-05140-0

Gewidmet
meinem Trompete spielenden Schutzengel

Inhalt

BESONDERE SITUATIONEN, IN DENEN ENGEL ERSCHEINEN

ENGEL FÖRDERN WACHSTUM UND REIFUNG

ENGEL SETZEN KREATIVITÄT FREI

VON DEN SCHATTENSEITEN DER ENGEL

DIE SEELE NÄHREN

Vorwort

„Angestrengte geistige Arbeit und das Anschauen der Natur sind die Engel, die mich durch das Leben geführt haben." Albert Einstein

Warum sprechen Menschen von Engeln? Welche Wirklichkeit meinen sie, wenn sie davon reden? Weshalb kehren die Engel ausgerechnet in der entzauberten Welt von heute zurück? Haben wir es mit einer Reaktion auf materialistische Zeiten oder gar mit einer Wiederverzauberung unserer Welt zu tun? Oder gibt es einen Zusammenhang mit der Jahrtausendwende?

Tatsächlich ist in jüngster Zeit auffallend, daß sich weltweit eine wachsende Zahl Engelsgläubiger mit den kosmischen Energien der hilfreichen Engel befassen. Laut einer Umfrage vom Allensbacher Institut aus dem Jahre 1997 hat der Glaube an die Existenz von Engeln stark zugenommen, 1986 artikulierten 22 % ihren Glauben daran, und im Jahre 1997 taten dies 37 % der Westdeutschen. Eine überraschende und spannende Feststellung, die Grund genug ist, dieses Phänomen genauer zu beleuchten. Selbst Menschen, die von Kirche und Gott nicht viel halten, werden hellwach, wenn von Engeln die Rede ist. Und das Wort vom Schutzengel führen wir nach wie vor fast selbstverständlich im Munde. Auf Autobahnen und Straßen sind die „Engel" in gelber Dienstkleidung unterwegs, und in Blau sollen sie die Umweltfreundlichkeit von Produkten signalisieren. Flügelwesen überall: auf Glückwunschkarten, Plattencovers, Hitparaden bis hin zu Reklamespots für Weichspüler. Als populäre Lebenshelfer hat sich ihre Anhängerschaft enorm vergrößert, nicht nur religiöse Menschen, auch selbsterfahrene Esoteriker, New-Age-Anhänger, Vegetarier, Atheisten und spirituell Interessierte gehören zur weltweiten Engelgemeinde. Mittlerweile haben Engel regelrecht Konjunktur. Es gibt Engel-Läden, Engel-Workshops, „Angel Holidays", Engel-Mode und Engel-Krimskrams in den schrillsten Farben. Engel treten überall auf, vordergründig und kitschig in der Reklame, ein bißchen tiefgründiger in manchen Filmen und berührend und aufregend in der modernen Literatur und Kunst.

Engel werden von den Medien vermarktet und damit auch verfälscht. Wenn ich in diesem Zusammenhang über Engel schreibe, so bedeutet dies auch, etwas zu schützen. Ein Thema wieder ernst werden zu lassen, so daß die Beziehung zu unseren Engeln Wirklichkeit erhält. Wenn Menschen von Engeln sprechen, so meinen sie bestimmte, deutbare Erfahrungen. Um diese soll es hier gehen. Engel unter dem Blickpunkt der Psychologie zu sehen bedeutet zu fragen, in welchen Situationen Menschen von Engeln sprechen, wie sie Engel erleben und welche Wirkung davon auf ihr persönliches Leben und die Realitätsbewältigung ausgeht.

Schon als Kind haben mich die Engel fasziniert. Bei meinem abendlichen Gebet versammelte ich meine vierzehn Schutzengel um mich herum und vergewisserte mich noch völlig unbefangen und unmittelbar meines Gefühls vom Beschützt- und Aufgehobensein. Ich weiß nicht, ob es in meinem Leben direkte Engelbegegnungen gegeben hat, so wie das in manchen Büchern zu lesen ist, wo Leute von überwältigenden Erfahrungen mit diesen Flügelwesen berichten. Auf solche außergewöhnliche Begebenheiten kann ich nicht zurückblicken. Ich kann aber zugestehen, daß ich mein Leben und Überleben einer Kette von Bewahrungen und Schutzerfahrungen verdanke, seien das nun Menschen, Begegnungen, Wegweiser, entscheidende Sätze im richtigen Moment, und vor allem der Musik, die mir wie ein Engel als Brücke zur Lebensbewältigung dient. Ich habe nie daran gezweifelt, daß das Wirkliche und das Vorgestellte aus demselben Stoff geschnitten sind, daher sind mir solche Begegnungen genauso wichtig wie all das, was sich als die sogenannte Realität ausgibt. Jedenfalls fühle ich mich reich an solchen Erfahrungen von unmittelbarer Bewahrung, und ich habe meine „Schutzengel" auch nicht geschont. In manchen Phasen meines Lebens hatten sie sogar alle Hände voll zu tun.

In meiner Arbeit als Psychotherapeutin begann ich nach der psychologischen Bedeutung vom Wesen und Wirken der Engel zu fragen. Wie können wir die verschiedenen Erscheinungen von Beschütztsein und Aufgehobensein auf unseren Lebenspfaden verstehen? Wie können wir uns sensibilisieren für das, was wir als „Bewahrung" in schwierigen Lebenslagen verstehen? Wie können wir die vielfältigen Wege der Bewahrung und Geborgenheit zum Ausdruck bringen? Wie können wir diese besondere Erfahrung des Aufgehobenseins in unser Leben integrieren?

Man sollte meinen, daß die Psychologie und die Psychotherapie auf diese Fragen Antworten zu bieten hätte. Doch schaut man sich die Literatur daraufhin an, so läßt sich außer ein paar Randbemerkungen nicht eine einzige ausführliche Abhandlung finden, die sich mit den innerpsychischen Phänomenen von Engelerfahrungen und -erlebnissen und ihren psychologischen Gegebenheiten auseinandersetzt. Es scheint, als wären die Engel auf diesem Feld entweder noch nicht entdeckt oder ins Abseits verbannt worden. Die wichtigsten Anregungen zum psychologischen Umfeld von Engelerfahrungen verdanke ich Ellen Stubbe, die in ihrem beeindruckenden Buch, „Die Wirklichkeit der Engel in Literatur, Kunst und Religion", zeitgenössische Engelerfahrungen aus Kunst und Literatur mit Erfahrungen aus der Seelsorge zu einem pastoralpsychologischen Konzept entwickelt hat. Wenn man Engelbegegnungen als Umschreibung dafür auffaßt, daß einem etwas ein- oder aufleuchtet oder „ein Licht aufgeht", so war dieses Buch in der Tat solch ein Erlebnis.

Was bedeutet es, wenn ich als Psychotherapeutin über Engelerfahrungen schreibe? Stecken eigene ungewöhnliche Erfahrungen dahinter? Spirituelle Erfahrungen? Oder eineinhalb Jahrzehnte Umgang mit Klienten und Klientinnen? Ich kann nur sagen, daß ich schon immer offen war für Fragen nach dem, was das Leben trägt, nach dem Grund, der Höhe oder der Tiefe des Seins. Schon früh haben mich

Fragen des Rückbezuges auf Quellen von Geborgenheit, Schutz und Vertrauen beschäftigt und vor allem, wie man sich diesen Quellen sozusagen schöpferisch oder spielerisch annähern kann, da sie außerhalb unserer direkten Verfügbarkeit liegen. Die Themen, die meine Klienten und Klientinnen an mich heranführen, haben mich bestärkt in meinem Glauben an die Unzerstörbarkeit kreativer Lebensfähigkeit und an die Notwendigkeit vertrauensstiftender Symbole, zu denen ich die Engel zähle. Vor allem in den letzten Jahren fiel mir auf, daß Menschen immer häufiger und offener über „heilige Momente", religiöse Erfahrungen oder ihr elementares Bedürfnis nach Geborgenheit, Schutz, Glauben und Vertrauen sprachen. Es scheint mir, als würden wir uns in einem Feld bewegen, dessen Kraftfeld es allmählich leichter macht, darüber zu sprechen. War es früher für viele beschämend oder gar tabuisiert, sich geborgen im Gebet oder getragen von den Engeln zu fühlen, so finde ich heute mehr Offenheit und Bedürfnis, mit Dimensionen in Berührung zu treten, die unser Leben bewahren oder neu erschließen können. Engelerfahrungen markieren eine Schnittstelle, die Fragen der Selbstwerdung und persönlicher Integration anrühren. Die Auseinandersetzung mit dem, wie ich mit mir, mit anderen und den Dingen dieser Welt umgehe, wie ich die Welt des Alltags bewältige, Verbindungen stifte und mich für das Erspüren von Überschreitungen öffne, die Neues schaffen.

DIE WIEDERKEHR DER ENGEL

■ ■ ■

„Einen Schutzengel gehabt"

Über Schutzengel läßt sich gut reden — vor allem über den eigenen. Wenn jemand von sich sagt, er habe einen Schutzengel gehabt, dann heißt das oft erst einmal: Jemandem ist etwas zugestoßen, etwas schiefgegangen, aber er wurde irgendwie gerettet, er ist bewahrt worden, unsichtbare Hände haben ihn geleitet, er ist noch einmal davongekommen. Vielleicht mit dem berühmten blauen Auge, durch Zufall oder mit einer Portion Glück. Welcher Autofahrer kennt nicht die Bewahrungen in kritischen Momenten, den Beinahe-Unfall, den Fahrbahnwechsel im letzten Moment, dieses erleichterte Aufatmen „Noch mal Glück gehabt". Wie oft läuft in unserem Leben etwas schief, wir werden zu Umwegen gezwungen, jemand verbietet uns das Einsteigen in den Zug, wir werden übersehen oder sitzen gelassen, und im nachhinein stellen wir fest, daß es genau so richtig war, wie es gekommen ist. Wer kennt nicht solche Geschichten, die nach dem Muster verlaufen: Man hat sich verspätet, man kam in einen Stau, man wurde aufgehalten, und gerade dann trifft man einen Menschen, den man schon lange nicht mehr gesehen hat, den man dringend anrufen wollte, den man braucht oder von dem man gebraucht wird.

Schutzengelerfahrungen setzen also voraus, daß man gefährdet, schutzlos, hilflos oder in Not war. Man ist einem erfahrenen oder drohenden Unglück, einer Notsituation, einer Krankheit oder einer Bedrohung noch einmal entkommen oder, wie es im Volksmund heißt, „dem Tod oder dem Teufel von der Schippe gesprungen". Zufall? Führung? Höhere Macht? Glück? Fügung? Schutzengel? Ein paar Beispiele machen diese Erfahrungen deutlich:

17

Der Engel

Eine Reisegruppe war mit dem Bus unterwegs in den Pyrenäen. Es war dunkel und der Chauffeur ziemlich übermüdet. Er merkte deshalb nicht, daß er eine Abzweigung verpaßt hatte. Die Straße wurde immer enger und steiler, und zu allem Unglück zog auch noch dicker Nebel auf. Der Chauffeur, sichtlich entnervt, fuhr die kurvige Strecke viel zu schnell. Die Passagiere waren still geworden und starrten verängstigt durch die große Windschutzscheibe. Vor ihnen nur die von den Scheinwerfern beleuchtete Nebelwand. Plötzlich ging ein Schrei durch die ersten Reihen. Vor dem Bus war mitten im Nebel eine riesige Gestalt aufgetaucht. Mehrere Passagiere und der Chauffeur bezeugten, sie hätten einen Engel mit ausgebreiteten Flügeln gesehen. Das Entsetzen wuchs, als man merkte, daß der Bus nur wenige Meter vor einer tiefen Schlucht stehengeblieben war. Ein Felssturz hatte eine Brücke zerstört. Als der Chauffeur am nächsten Tag den Bus waschen wollte, fand er die überraschende Erklärung für das Wunder: In einer der Scheinwerferverkleidungen suchte ein Nachtfalter verzweifelt den Weg in die Freiheit. Offensichtlich hatte sein Schatten im richtigen Moment ein großes Unglück verhindert.

„Steig ab", sagt die Stimme

„Ich fuhr mit dem Rad zur Arbeit. Dichter Nebel. Um pünktlich zu sein, nahm ich eine Abkürzung. Da befahl mir eine Stimme: ‚Steig ab!' Ich stieg ab und wartete eine Weile. Als sich der Nebel hob, stand ich vor einer Kiesgrube."

„Dir wird nichts passieren"

„Ich wollte gerade in meinen Wagen steigen, da fuhr das Auto plötzlich rückwärts, riß mich zu Boden. Das Vorderrad rollte über mein Bein und den Arm. Ich hörte eine Stimme: ‚Das Auto ist gar nicht schwer! Dir wird nichts passieren!" Ich hatte nicht einmal blaue Flecken."

Plötzlich eine Staubwolke

„Es ist 41 Jahre her. Ich stand vor einem Porzellangeschäft. Da schien mich jemand wegzuziehen. Aber niemand war da. Beim Überqueren der Straße plötzlich eine Staubwolke. Die Hausfassade war eingestürzt, direkt vor das Porzellangeschäft."

Das Wunder von New Orleans

„Mein Mann und ich machten in New Orleans eine Stadtrundfahrt, als ich plötzlich auf der anderen Seite im Bus sitzen wollte. Wir wechselten. Im nächsten Moment krachte ein Laster in den Bus. Genau an der Stelle, an der wir vorher saßen. Uns passierte nichts."

Wenn Menschen solche Situationen beschreiben und deuten, kommt ihnen das Wort vom Schutzengel ganz selbstverständlich über die Lippen. „Da muß ich einen Schutzengel gehabt haben." Diese gewöhnlichen Schutzerfahrungen, die uns zuteil werden, kann man vielleicht am besten mit dem Ausdruck „Erleichterungen" benennen. Sie sind situationsbedingte Glückserfahrungen, die eher zu den einfacheren Formen von Bewahrungserfahrungen gehören. Dennoch meine ich, daß in diesen Sätzen vom Schutzengel etwas mitschwingt, was aufhorchen läßt. Denn man könnte ja auch sagen: „Da habe ich nochmals Glück gehabt!" oder „Welch glücklicher Zufall!" Vom Zufall zu sprechen hieße: Es hätte auch genausogut anders verlaufen können. Wird hingegen ein Engel ins Spiel gebracht, und mag es auch nur sein, um irgendwelche unfaßbaren geistigen Kräfte so zu benennen, so wird diesem bestimmten Ereignis eine tiefere Bedeutung zugewiesen, auch wenn dies nicht bewußt geschieht. Zumindest schwingt dabei eine leise Ahnung von dem mit, was man unter „Geführtsein", „Geleitetwerden" oder „Fügung" verstehen kann. Ein wenn auch nicht durchschautes Zugestehen, daß es Grenzen meines Mich-selbst-Haltens gibt und daß ich mich nicht immer selbst wie Münchhausen mit dem Zopf aus dem Sumpf ziehen kann. Oder es kommt zu einem Staunen darüber, daß es noch Wunder und Geheimnisse gibt, die mir vermitteln: Es gibt anderes, rational nicht Erklärbares, das mich hält. Oder um die Version einer Klientin zu zitieren: „Daß mich etwas umgibt, dem mein persönliches Geschick am Herzen liegt."

Manche Menschen ziehen solche Schutzerfahrungen einfach an, sie werden immer irgendwie gerettet. Selbst wenn sie Pech haben, geht es doch noch einigermaßen glimpflich aus. Man hat „Wahnsinnsglück" gehabt oder einfach Glück im Unglück. Selbst Mißerfolg ist Erfolg auf Umwegen. Es scheint, als hätten sie eine besondere Gabe, „ihre" Schutzengel herbeizulocken. Immer kommt gerade im rechten Moment Hilfe. Wie in einem Kreislauf wird durch ihr Vertrauen und ihre positive Erwartung eine Selbsterfahrung freigesetzt und durch den Erfolg eine Selbsterfahrung im bestätigten Vertrauen. Ein Circulus vitiosus, der wie ein sich selbstverstärkendes System positive Engelerfahrungen magisch anzieht. Wer Vertrauen hat, dem wird gegeben!

Andere wiederum sind wie ungläubige Glücksspieler immer in einer schlechten Strähne. Ausgerechnet sie werden in einen Unfall verwickelt, verlassen, verraten oder erwischt. Ihnen passiert einfach alles, was so passieren kann. „Es ist, wie wenn die Schutzengel sich gegen mich verschworen hätten", sagt der Pechvogel. Ist das Zufall? Verdiente Strafe? Können wir uns den Schutz der Engel überhaupt verdienen? Ist ihr Ausbleiben eine Strafe? Rache? Schuld? Sühne? Gießen die Schutzengel ihr Füllhorn nach Belieben aus, wo, wie und über wen sie wollen? Haben wir einen Anspruch auf sie? Gibt es Wege und Möglichkeiten, sie zu beeinflussen? Sie magisch anzuziehen? Sich ihrer würdig zu erweisen?

Fragen über Fragen, die sich alle kaum beantworten lassen. Schutzengel sind für jeden etwas anderes. Sie sind etwas höchst Individuelles, so daß man sich manchmal fragt, wo denn noch das Verbindende dieser unterschiedlichen Vorstellungen liegt. Engel tauchen nicht nur im persönlichen, individuellen Bereich auf, es gibt sie auch in der bildenden Kunst, der Literatur, der Musik. Also überall dort, wo Menschen sich Vorstellungen und Bilder machen. Diese Freiheit und Vielfalt der Vorstellungen gehört unabdingbar zur Welt der Engel. Die Vorstellungskraft ist die Achillesferse, der verwundbare Punkt, über den die Engel in die Welt der Menschen eindringen. Ohne die Freiheit, sich Situationen auszusetzen, sich zu bewegen und lebendig zu sein, gibt es keine Schutzengel. Die Frage, ob die Wirklichkeit der Engelvorstellung den Weg ebnet oder die Vorstellungskraft der Wirklichkeit, ist überflüssig. Das eine läßt sich nicht vom anderen trennen. Es geht um die Wirkung, die eine Engelerfahrung hinterläßt. Und die ist für viele Menschen ähnlich: Es ist das Gefühl, mir ist geholfen worden, ich bin einem Unglück entkommen, ich wurde bewahrt, ich erhielt Beistand, ich wurde von einer unsichtbaren Hand geleitet. Das Erleben, einen Schutzengel gehabt zu haben, hat Folgen. Es relativiert die kleinen Sorgen und Nöte des Alltags. Man hält wieder inne und spürt einen Moment lang sein Herz schlagen. Die Kleinigkeiten und Kleinlichkeiten rücken wieder ins rechte Maß. Man bekommt wieder eine Ahnung von der Begrenztheit und der Brüchigkeit des Lebens und den eigenen grandiosen Überschätzungen. „Die Natur hat dem, was man eine Seele nennt, ein sehr dünnes und elendes Futteral gegeben." Dies schrieb Voltaire im Dezember 1752 an seinen Chirurgen. Solche Schutzerfahrungen geben Gelegenheit, das dünne Futteral zu spüren, in dem die Seele steckt. Die großen Fragen kehren wieder auf die Tagesordnung zurück: Wer sind wir? Woher kommen wir? Wohin gehen wir? Man wird dankbar und vielleicht sogar ein bißchen demütig, weil man eine rettende Handreichung einfach geschenkt bekam. Man bekommt einen anderen Gesichtsausdruck, weil man in den Abgrund geschaut hat, der zwischen dem Jetzt und dem Aus liegt. Man wird leichter, weil man die winzigen Schritte oder die Gratwanderungen deutlicher wahrnimmt, die das Leben von einem auf den anderen Moment verändern können. Die Erfahrung, einen Schutzengel gehabt zu haben, kann noch nach Jahren ein warmes Gefühl auslösen: Die Erinnerung an eine Errettung aus Bedrohung und Gefahr, neben der alles andere klein und bedeutungslos wird. Wer aus wirklicher Lebensgefahr errettet wurde, der nörgelt nicht mehr, der kokettiert auch nicht mehr mit Selbstmord oder Selbstzerstörung. Wer wirklich erlebt hat, wie ihm Hilfe aus auswegsloser Situation zuteil wurde, der besinnt sich ganz neu auf das Leben. Er hat eine Chance bekommen, dieses Leben wie neu zu lieben, mit allen Fasern seines Seins. Natürlich ist auch das „neue" Lebensgefühl nicht radikal neu und von bleibendem Bestand. Jeder weiß das. Doch kenne ich genügend Menschen, die durch solche außergewöhnlichen Erfahrungen ihr Leben wie von einem neuen Plateau aus betrachteten, von dem aus sich eine neue Lebensrichtung anbahnte.

Wie läßt sich die Wiederkehr der Engel erklären?

„Engel stützen die Welt", so sagte man in längst vergangenen Zeiten: Wenn sich die Kugel auf eine Seite neige, stemme sich auf der anderen Seite ein Engel dagegen. So bleibe die Welt immer im Gleichgewicht. Wissenschaft und Technik haben uns eines Besseren belehrt, wir wissen heute, daß ganz andere Kräfte unseren Planeten in Gang halten. Dennoch hat die Wissensexpansion der Naturwissenschaften die Engel nicht aus der Welt schaffen können. Im Gegenteil – die Engel kehren zurück.

Heute verzeichnen wir eine neue Bewußtheit, Wachheit und Wahrnehmung gegenüber den Engeln, nicht nur in Europa, auch im Osten und in den USA. Ein regelrechter Engel-Boom ist zu verzeichnen. Auf Tagungen, Seminaren, Veranstaltungen, in Büchern, Medien, Läden, Werbung und Konsumgütern, Kunst, Literatur und Malerei werden Engel gestaltet, vermarktet, verkauft und geradezu massenartig benutzt. Diese Konjunktur steht im Gegensatz zum letzten Jahrhundert, wo man die Engel abgeschafft hatte, weil man das Wissen von Gott auf das Allerwesentlichste konzentrieren wollte. Im Zuge der Entmythologisierung wurde das religiöse Leben von engelartigem Beiwerk und Ornamentik entzaubert, die Engel verschwanden aus der Theologie und der Predigt. Anfang des 20. Jahrhunderts änderte sich das allmählich. Viele bedauerten, daß mit dem rationalen Denken die erfüllende mystische Dimension abhanden gekommen sei und daß Engel in dieser Welt keinen Platz mehr hätten. Als Verursacher werden Rationalismus, Aufklärung und Materialismus, die jahrhundertealten Gegner geistiger Wesen, gewertet. In dem Maße, wie die Theologie im Blick auf die Engel sprachlos wurde, begannen nun die Schriftsteller, Dichter, Poeten, Maler und Filmemacher ihrer Sehnsucht nach den Engeln Ausdruck zu geben und nach den Engeln zu rufen. Hans Arp, mit seinem Aufruf, uns wieder an die Engel zu erinnern, drückt es in einem Gedicht aus:

„Wie lange noch sollen wir allein auf uns angewiesen bleiben?
Wie lange noch sollen wir ohne Hilfe bleiben?
Mörder werden auf Mörder gepfropft, damit die Frucht der Finsternis noch fürch-
terlicher werde. Nicht ein einziges Lichtwunder hat sich auf der Erde ereignet. Nicht
ein einziger Lichtengel mehr ist erschienen. Was hätte ein Lichtengel nicht alles auf
den rechten Weg leiten können?"

Zu den Engelvorstellungen der Tradition sind heute neue Sichtweisen hinzugekommen, die schmerzliche Empfindung der Abwesenheit Gottes, die auch in der Kunst die Engel zu fernabgerückten, menschenabgewandten Gestalten macht, die dem Menschen seine Ohnmacht und seine „transzendentale Obdachlosigkeit", um an Georg Lukácz' Moderne-Formel zu erinnern, bewußt werden lassen. Beispielhaft dafür sind Rainer Maria Rilkes „Duineser Elegien" (entstanden 1912– 1922), in denen Rilke die Engel in eine menschenferne Seinsordnung gerückt hat. Die erste Elegie durchzieht die Klage über das Trennende, den Abstand zwischen Mensch und Engel:

„Wer, wenn ich schrie, hörte mich denn aus der Engel Ordnungen? Und gesetzt
selbst, es nähme einer mich plötzlich ans Herz, ich verginge von seinem stärkeren
Dasein … Ein jeder Engel ist schrecklich."

Auch Paul Klees Bild „Angelus Novus" oder Ernst Barlachs „Schwebender Engel" haben nichts mit den harmlosen Engelabbildungen zu tun, die Weihnachtskarten schmücken. Ihre Engel können nicht trösten, halten oder helfen. Allenfalls können sie die Not der Menschen mit stummer Aufmerksamkeit beantworten, was immerhin mehr ist, als Rilke seinen Engeln zutraute. Eine Ausnahme ist Marc Chagall, der große jüdische Maler, dessen Engelbilder zu den eindrücklichsten unserer Zeit zählen. Er erzählt von einem Traum, in dem ihm ein Engel in seinem Zimmer erschien. Sein Bild „Die Erscheinung" beschwört dieses übernatürliche, symbolische, traumhafte Erleben. Seine Engel bieten Halt und Trost, sie sorgen als Lichtgestalten für Erleuchtung und geben den Bekümmerten Zuspruch.

Die gegenwärtige Engelkonjunktur scheint mir nicht nur eine Antwort auf Bedrohungen der persönlichen Integrität und des individuellen Schicksals zu sein. Sie steht auch in größerem Zusammenhang, da wir Menschen in ein Geschehen kosmischer Bewegungen eingebunden sind. Für die Griechen bedeutete Kosmos „Ordnung". Diese Ordnung leuchtet aus einer auf den ersten Blick nicht so überzeugenden Oberfläche hervor. Man fühlte sich zugehörig, aufgehoben in einem runden Kosmos, in den auch die Katastrophenerfahrungen eingebettet waren. Kosmos bedeutet für uns allerdings nicht mehr haltgebende Ordnung, sondern im Blick auf die neuen Chaostheorien heißt es heute: Chaos-Kosmos. Wir wissen heute mehr denn je über neue Kosmologien, wir wissen, daß die Entropie, das Chaos, zunimmt, und wir stehen an den Grenzen des Weltverstehens, sprachlos vor dessen Unfaßlichkeit und vor der Unendlichkeit des Universums, die selbst die Sprache der Physik und Mathematik nicht zu fassen vermag. Einst geschaffene Lösungen, Gottesbilder und Offenbarungen tragen nicht mehr. Wir ahnen, daß Sinn nicht mehr durch dogmatische Glaubenssätze und Absolutheitsansprüche gewonnen werden kann, sondern allenfalls über bescheidene Angebote für die Wahrnehmung des Ganzen und über das Geheimnis, dessen Unbegreiflichkeit uns zutiefst betrifft. Die fortschreitende Säkularisierung unserer Zeit verweist darauf, daß es neue Wege zu finden gilt. Wege, die die alten Formen von Religiosität integrieren und überschreiten werden. In dieser Situation, wo wir uns mit der Vorläufigkeit, mit dem Fragmentarischen, der Zerrissenheit, dem Bruchstückhaften abfinden müssen, wo wir ohne letztendliche Sicherheiten und

Gewißheiten auskommen müssen, besteht mehr denn je das Problem, sich in etwas hineinzudenken, sich zugehörig zu fühlen. Um so wichtiger werden die kleinen gelebten Antworten, die uns ermutigen und trösten, die uns helfen, damit fertig zu werden, in einer Übergangszeit ohne verbindliche Welt-, Menschen- und Gottesbilder zu leben. Diese Vision verweist zugleich auf unsere Begrenztheit und Gebrochenheit, die uns gerade trotz Computer, Elektronenmikroskope und Radioteleskope so schmerzlich bewußt wird. Wir spüren die Atomisierung gesellschaftlichen Lebens, das an seinen narzißtischen Antrieben und ihrer autistischen Verfassung zugrunde zu gehen droht. Wir spüren die Gefahren der Zerstörung des Lebendigen und sind verunsichert angesichts der Beschleunigung des Weltveränderungstempos, die die Erfahrung und Erwartung, die früher durch Traditionen zusammengebunden waren, auseinandertreibt. Je grenzenloser, schneller und spezialisierter unsere Erfahrungsangebote sind, desto weniger können wir ihnen wirklich folgen und desto mehr hört die Welt auf, ein Ort möglicher eigener Erfahrung zu sein.

Verunsicherung, Zerrissenheit, Verlassenheit und Brüchigkeit sind Situationen der inneren oder äußeren Bedrohung der Integrität des Selbst. Hier müssen zum Schutz und zur Bewahrung des Selbst Kräfte wirksam werden, die ursprünglich zu seiner Entwicklung förderlich waren. So erklärt sich der Rückgriff auf Rettungsanker in haltgebenden Bildern und Erfahrungen oder die Notwendigkeit, in die besondere Wirklichkeit von Übergangsräumen einzutauchen. Die nicht-heilen Seiten des Lebens sind es, die die Menschen nach den Engeln rufen lassen und die ihren Dienst sinnvoll machen. So erklärt sich der Rückgriff auf den besonderen Raum der Engel, der nicht nur Erfahrungsverluste ausgleichen soll, sondern auch kreative Prozesse in Gang bringen kann, in ureigenen, selbstgestalteten Ausdrucksmöglichkeiten Trost und Sinngebung zu finden. Gewiß gab und gibt es immer Menschen, die religiöse Erfahrungen dazu benutzen, sich zu benebeln und in sich selbst einzuspinnen. Immer mehr ist aber heute von einem wachsenden Bedürfnis nach Spiritualität die

Rede, weitab von sicheren Lösungen. Menschen beginnen zu begreifen, daß sie nicht nur Empfänger von Wahrheiten sind, die, wie man es sich früher gedacht hat, gehorchen, vernehmen und spiegeln, sondern in weitaus größerem Maße Produzenten von seelischen Tätigkeiten und Wahrheiten.

Warum lassen sich Menschen von Engeln faszinieren? Die Engel reflektieren die gegenwärtige Befindlichkeit der Menschen. Als Reaktion auf die gegenwärtig erlebbare Bedrohung des Selbst sind sie der sinnliche Ausdruck von Vertrauen in das Leben. Oder eine Metapher für die Materialisierung von guten Erfahrungen. Man kann sie in ihrer Funktion als therapeutisches Mittel gegen Chaos und Unübersichtlichkeit begreifen, aber sie bedeuten Menschen heute weit mehr. Sie geben ihnen Orientierung, Hoffnung und punktuelle Erfahrungen von Ganzheit. Engel geben Menschen das Gefühl, daß sie nicht allein sind. Sie sind vertrauensstiftende Symbole menschlicher Sehnsüchte in einer Zeit ohne letztendliche Sicherheiten und Gewißheiten.

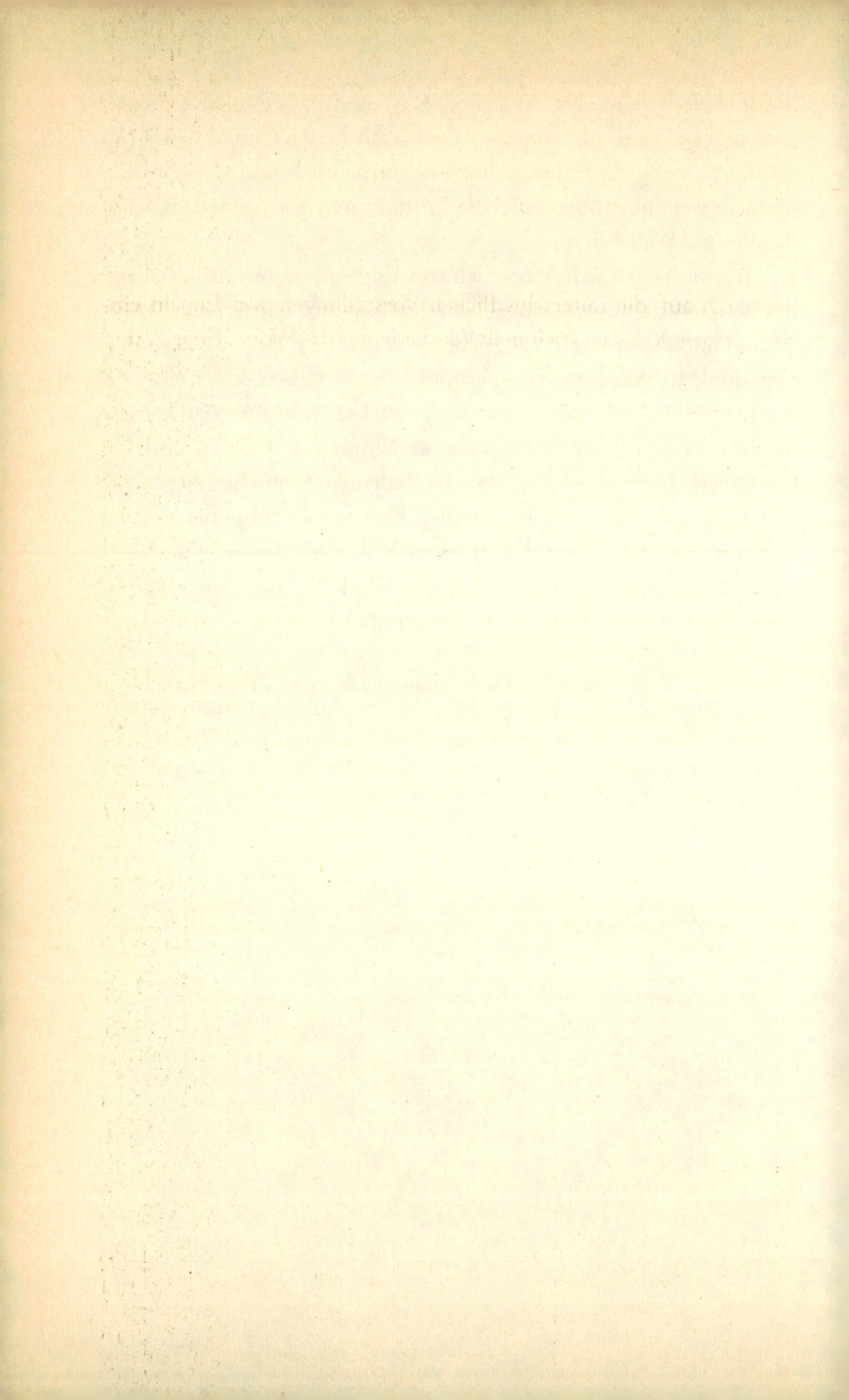

Was sind Engel?

Bevor ich auf die unterschiedlichen Vorstellungen von Engeln eingehe, frage ich zunächst einmal: Was bedeutet das Wort „Engel", und wo kommt es her? Das deutsche Wort Engel ist über das lateinische „angelus" vom griechischen „angelos" hergeleitet. Das gilt auch für das entsprechende Wort in den meisten europäischen Sprachen: *ange* im Französischen, *angel* im Englischen, *angelo* im Italienischen, *ángel* im Spanischen, *anjo* im Portugiesischen, *angel* im Mexikanischen, *engel* im Dänischen, *engel* im Niederländischen, *ängel* im Schwedischen, *Ängel* im schweizerdeutschen Dialekt, *enkeli* im Finnischen, *aggelos* im Griechischen, *anglu* im Maltesischen, *angel* im Russischen.

Den Wortgebrauch des deutschen Wortes „Engel" umschreibt das Grimmsche Wörterbuch von 1862 unter anderem so:

ENGEL, m., *ein durch das christenthum in alle neueren sprachen überführtes wort, weil für den himmlischen boten und geist kein heimischer ausdruck geeignet schien.*
1. *unschuldige kinder heiszen vorzugsweise engel.*
2. *schöne und geliebte frauen: mein engel! mea anima; doch reicht engel über das weib, und nie redet ein mhd. dichter seine geliebte „engel" an, das ist erst später aufgekommen und gemein geworden.*
3. *nach einer tiefgreifenden vorstellung des alterthums ist jedem menschen ein engel beigegeben, der über ihn wacht und ihn geleitet, gleichergestalt folgen aber auch böse engel dem menschen und lauern ihm auf.*
4. *gute oder böse engel lachen und weinen über das, was die menschen thun oder ihnen widerfährt.*

Die eigentliche Wortbedeutung von „Engel" ist aber und einfach „Bote". Engel sind Botschafter, dienende Geister, Verkünder – *malachim*, wie es auch im Hebräischen hieß. In der Bibel werden einige Engel beim Namen genannt: Michael, Gabriel und Raphael. Dabei fällt auf, daß bei allen dreien eine Silbe gleich ist, nämlich das „el", was in der hebräischen Sprache die Bezeichnung für Gott ist. Wenn also in der Bibel Engel auftreten, auch solche, die einen Namen tragen, so meinen sie nicht sich selbst, sondern weisen auf Gott hin. Die Engel sind gewissermaßen ganz Funktion, sie handeln nicht aus eigenem Antrieb, sondern im Auftrag des Herrn. Weil die Engel geschaffen wurden, um den Menschen zu dienen, heißen sie auch „Dienstengel". Das Wort Engel ist also keine Personen-, sondern eine Amtsbezeichnung.

Engel sind beileibe keine Erfindung der Kirchenväter, in sämtlichen Kulturen und Religionen wird von Engeln berichtet. Schon die Sumerer verehrten göttliche Geistwesen, die als Pendler zwischen Gott und Mensch wirkten. Die Assyrer kannten geflügelte Mischwesen, die die Tempel, Paläste und den Königsthron bewachten. Als Cherubim begegnet man ihnen in der hebräischen Schrift wieder um den Thron Gottes als Hüter der göttlichen Weisheit. Im griechischen Götterhimmel gab es ein Wesen, das fast wie ein Zwilling dem christlichen Engel gleicht: Hermes, der Schützer der Menschen und Bote der Götter. Mit Flügeln an Hut und Schuhen war er der Inbegriff des Angelos – des Boten, der immer unterwegs war, fliegend oder wandernd die Liebenden zueinanderführte, Verirrten den Weg zeigte und die Seelen der Verstorbenen in die Unterwelt geleitete. Hier wird deutlich, daß der Begriff Engel kein Name für ein Wesen, sondern für ein bestimmtes Amt ist. Gerhard Adler weist in seinem Buch „Erinnerung an die Engel" darauf hin, daß Bibelübersetzer verschiedener Zeiten im selben Text beide Worte, Engel und Bote, einmal diesen, einmal jenen Begriff benutzt haben.

Bei meinem Streifzug durch die Engelwelten der verschiedenen mystischen und okkulten Schulen war ich fasziniert vom Reichtum der Engelspekulationen; ich muß dennoch zugestehen, daß die Vielfalt der Erscheinungen derart verwirrend ist und der Engelsbegriff von der Patina der Jahrhunderte so überdeckt, daß ich meine Leser nicht auch noch verwirren möchte. Nach Albertus Magnus, dem deutschen Kirchenlehrer des 13. Jahrhunderts, gibt es 399 920 004 Engel. Den Gipfel kunstvoller himmlischer Hierarchien erreichen wir im Mittelalter mit Dionysius von Areopagita, der die Engel nicht ungeordnet durch die Lüfte schwirren ließ, sondern streng hierarchisch nach dem Abbild dessen, was auf der Erde herrschte. Da gab es dann Herrscher und Lakaien, jedem Erzengel wurden seine englischen Abgeordneten zugeteilt. Von den Pflichten der Engel ist uns wenig überliefert. Allenfalls weiß man noch, was der Schutzengel zu tun hat. Laut Auskunft der kirchlichen „Himmelshierarchie" aus dem 6. Jahrhundert, die von Papst Gregor dem Großen (590–604) durchgesetzt wurde, steht er auf der untersten Stufe der Rangordnung und steht uns Menschen am nächsten. Drei Aufgaben hat er: Er soll seinen Schützling vor Unheil bewahren, ihn zu rechtem Verhalten anleiten, ihm sagen, wie es weitergeht, und bei Gott ein gutes Wort einlegen, wenn sein Schutzbefohlener schwach und fehlbar gehandelt hat.

In den verschiedenen Religionen finden sich unterschiedliche Meinungen darüber, ob jeder Mensch einen Schutzengel hat. In der rabbinischen Literatur wird nur den „Gerechten" ein Schutzengel zuerkannt. Und in der Tradition des Babylonischen Talmud sind jedem Menschen zwei Engel an die Seite gegeben, ein guter und ein böser, die um die Herrschaft über den Menschen kämpfen. Die Tiefenpsychologie drückt das heute anders aus. Sie spricht von abgespaltenen psychischen Komplexen, die eine dämonische Macht über den Menschen ausüben können, und vom größeren Selbst, das so etwas wie das Ebenbild Gottes ist, das nach Ganzheit, Harmonie und Heilung strebt, und den Menschen beflügelt, über sich selbst hinauszuwachsen. Vergleicht man das, was C. G. Jung vom Selbst sagt, mit dem, was vom Schutzengel überliefert ist, so findet man erstaunliche Parallelen.

Die griechischen Kirchenväter waren der Auffassung, daß jeder Mensch einen Schutzengel hat. Diese Anschauung hat sich bis auf den heutigen Tag erhalten. Eins der vertrautesten Worte über Schutzengel ist biblischen Ursprungs: „Seht zu, daß ihr nicht einen von diesen Kleinen verachtet. Denn ich sage euch: Ihre Engel im Himmel sehen allezeit das Angesicht meines Vaters im Himmel" (Matth.18, 10). Auch wenn dieses Wort zunächst die Kinder im Blick hat, umfaßt es zugleich alle Menschen, die in der Bibel ja Kinder Gottes genannt werden. Aus dieser Auffassung ist die Schutzengelvorstellung erwachsen, die bis heute den Glauben und das Vertrauen in die Wegleitung Gottes ins Bild faßt. Ob Jude, Christ oder ohne Religion, jeder Mensch hat einen Begleiter von der Geburt bis zum Tod. Diesen Gedanken vertritt die Sterbeforscherin Elisabeth Kübler-Ross in ihrem Buch „Über den Tod und das Leben danach". Das Vertrauen in den Beistand der Schutzengel sei eine der innigsten Seiten des Katholizismus, schreibt der Theologe Egon Wenberg, in seinem Buch „Plädoyer für Engel". Wieviel Vertrauen um gute Mächte des Schutzes auch heute noch vorhanden ist, wurde mir bewußt, als ich erfuhr, daß im katholischen Kalender der zweite Oktober der Schutzengeltag ist. Welch Segen für diejenigen, die an diesem Tag ihren Geburtstag feiern! Offenbar stehen die Katholiken traditionellen Glaubenssätzen näher als Protestanten. Dies wurde durch eine Umfrage des Allensbacher Instituts für Demoskopie aus dem Jahre 1997 bestätigt: Katholiken haben ein intensiveres Verhältnis zum Engelglauben als Protestanten, sie glauben häufiger, daß es Engel gibt, und sprechen auch viel häufiger von gefühlsmäßigen Erfahrungen mit Engeln.

Die Vorstellung der Schutzengel, die sich seit ältester babylonischer Zeit über das Alte und Neue Testament bis in die Gegenwart erhalten hat, zeigt, daß Menschen die Engel schon immer gebraucht und benötigt haben und daß in ihnen eine Wahrheit steckt, die auf einer tieferen existentiellen Erfahrungsschicht angesiedelt ist. Niemals hätten sonst zahllose Dichter, Denker, Maler, Musiker und

Schriftsteller ihre schöpferischen Kräfte dafür eingesetzt. Ein jahrtausendalter Mythos kann nicht gegenstandslos sein. Viel eher ist anzunehmen, daß er interpretationsbedürftig ist und neuer sprachlicher Formen bedarf. Wesentlich scheint mir deswegen die Frage, was hinter der Rede von den Schutzengeln und den Engelvorstellungen steckt, die so eine lange und reich ausgestattete Tradition aufzuweisen haben.

Vorstellungen von Schutzengeln

Welche Rolle die Schutzengel in der alltäglichen Lebenspraxis vergangener Zeiten gespielt haben, läßt sich nur schwer rekonstruieren. Es läßt sich aber untersuchen, welche Vorstellungen die Menschen heute haben, wenn sie über ihre Engel sprechen. Zu Beginn der achtziger Jahre machten die deutschen Meinungsforscher eine interessante Entdeckung: Die dekorative Verwendung von Engeln und Engelchen nahm spürbar zu. Immer mehr Menschen begannen ihre Weihnachtsbäume mit Engeln zu schmücken. Diese Ansprechbarkeit für Engelmotive ist in den letzten Jahren sogar noch gewachsen.

In der Allensbacher Erhebung aus dem Jahr 1997 zum Thema „Engel" wurde speziell auf die Frage nach den Schutzengeln eingegangen. Die Frage lautete: „Glauben Sie, daß Sie einen persönlichen Schutzengel haben, oder glauben Sie das nicht?" Das Ergebnis dieser Untersuchung ist spannend genug, um es näher anzuschauen. Zunächst ein paar Zahlen: 31 % der 16- bis 29jährigen sagen, daß sie an Engel glauben, die Elterngeneration (45- bis 59jährige) sagen das nur zu 27 %, während es bei der Großelterngeneration (60jährig und älter) 42 % sind. Immerhin sind es 37 % der Westdeutschen und 14 % der Ostdeutschen, die an einen persönlichen Schutzengel glauben, aber selbst diejenigen, die den Glauben an Engel von sich weisen, werden bei dem Wort „Schutzengel" nachdenklich. Fast die Hälfte der „Engelungläubigen" halten es im Hinblick auf ihre eigenen Lebenserfahrungen für möglich oder wahrscheinlich, daß es Schutzengel tatsächlich gibt. Der Glaube an die Möglichkeit der Existenz von Schutzengeln hat mit Lebenserfahrungen zu tun, das zeigt auch der Vergleich der Altersgruppen. Je älter die Befragten waren, und das heißt auch, je mehr Lebenserfahrung vorhanden war, desto mehr wuchs die Bereitschaft, die Existenz von Schutzengeln nicht nur als Möglichkeit, sondern als Gewißheit anzuerkennen. Anders gesagt: Je älter die Menschen sind, desto häufiger trifft man unter ihnen welche, die den besonderen Schutz der Engel schon am eigenen Leib erlebt haben. Tatsächlich ergab sich, daß die Erfahrung, irgendwann schon einmal die Existenz eines persönlichen Schutzengels erlebt zu haben, fast jeder zweite Mensch schon einmal gemacht hat. Ein interessantes Phänomen — selbst Menschen, die sich nicht sicher sind über die reale Existenz eines persönlichen Engels, können dennoch bestätigen, daß sie schon einmal die Erfahrung einer nicht auf normale, rationale Weise erklärbaren Geschütztheit gemacht haben. Und mit steigendem Alter verwandelt sich diese Erkenntnis, bei immerhin 48 % der über 60jährigen, in vorbehaltlosen Glauben, der mit dem Gefühl einhergeht, im Leben manchen Gefahren nur mit „Hilfe von oben" oder jedenfalls auf oft rätselhafte Weise irgendwie gerettet oder geschützt worden zu sein. Es liegt wohl nahe, daß man mit wachsender Reife und auch Einsicht in das, was alles hätte passieren können, eher bereit ist, die eigene Souveränität zu relativieren. Vielleicht wird man auch dankbarer und bewußter angesichts erlebter Bewahrungen im letzten Moment, die einem halfen, Situationen heil zu überstehen. Je länger eine Lebensstrecke ist, desto mehr Situationen und Widerfahrnisse dürfte es geben, die einem mehr als nur „Wieder mal Glück gehabt" sagen lassen, sondern auch die Möglichkeit unerklärbarer Kräfte oder einer transzendenten Perspektive zuzugestehen. Ein 60jähriger Mann, der auch den Zukunftsaspekt der Schutzengel betont, sagte: „Wenn man so etwas einmal erlebt hat, dann weiß man auch, daß irgendwann wieder Hilfe kommen wird, weil es sie gibt — diese Engel."

Die Frage ist nur, weshalb diese positiven Erfahrungen Schutzengeln zugeschrieben werden. Kann es sein, daß wir uns dem Unfaßlichen nur in geschöpflicher Weise nähern oder öffnen können?

Gewissermaßen sind wir alle irgendwie „Davongekommene", „Überlebende", weil im rechten Moment Hilfe oder Hoffnung kam.

Die Erfahrung, im Leben schon einmal oder öfter nur mit Hilfe eines Schutzengels einer Gefahr entronnen zu sein, ist jedenfalls kein kindischer oder kindlicher Glaube. Sie bringt zum Ausdruck, daß man auf den Wegen des Lebens nicht allein ist und daß es Situationen gibt, die dem einzelnen nur auf diese unfaßliche, wundersame Weise erklärbar scheinen.

Was können wir aus jener Allensbacher Umfrage folgern? Der Glaube an die Schutzengel fußt auf ganz persönlichen Erfahrungen. Daß der Glaube an die Möglichkeit sich mit zunehmendem Alter in die Gewißheit von Schutzengeln wandelt, hat mit diesen Erfahrungen und dem Gefühl zu tun, tatsächlich schon einmal entkommen, gerettet oder bewahrt worden zu sein. Mit zunehmender Reife erleben Menschen solche unbegreiflichen Fügungen immer bewußter. Es fällt ihnen Unerwartetes, Unverhofftes zu. Und in all jenen Situationen, die die gewohnten Erklärungsmuster gewissermaßen auf den Kopf stellen, sehen Menschen Ordnungen am Werk, in denen sich ein „größeres" Gehalten- und Getragensein spiegelt. Der Glaube an die Schutzengel dient, wie vielleicht jeder Glaube, dazu, die Welt mit ihren Gefahren und Bedrohungen für Menschen in trostreiche und sinnvolle Zusammenhänge zu bringen. Berührt man diese Dimension von grundsätzlichem Vertrauen auf Hilfe und Schutz, so fällt das Abgegriffene von diesem Begriff „Schutzengel" weg, und er wird zu einem universalen Begriff, der zu umschreiben versucht, was letztlich unfaßbar und manchmal unglaublich ist.

Menschsein heißt bedroht, gefährdet sein, das ist eine Grundqualität unseres Lebens. Die Schutzengel nun sind Symbol einer Welt, die unseren Wünschen nach Schutz, Hoffnung und Bewahrung entsprechen. Symbole einer Ordnung, die sich dem, was uns widerfährt, entgegensetzt. Fragt man aber Menschen nach ihren Vorstellungen von Engeln, so sind diese keineswegs so niedlich, knallfarbig und blondgelockt wie die irdische Flut vorweihnachtlichen Engelkrimskrams. Wenn Menschen ernsthaft über ihre persönlichen Engel nachdenken, sind sie offenbar ganz anders beschaffen. Vor allem die

Schutzengel, die ja in schwierigen und bedrohlichen Situationen helfen sollen, stellen sich die meisten Menschen kraftvoll, energisch, ernst und aufmerksam vor. Auch wenn der Verwendung und Gestaltung von persönlichen Engeln kaum Grenzen gesetzt sind, so gibt es doch gewisse typische wiederkehrende Merkmale, die zu beobachten sind. Wir finden männliche, weibliche und auch androgyne Engel, große, mächtige, aber auch kleine, zierliche; solche, die wie ein zweites Ich anzusehen sind, oder wie ein treuer, vertrauter Freund, und solche, die den Menschen fremd sind. Auch Familienangehörige, Verwandte und vor allem Verstorbene werden als Engel erlebt, weil sie gewisse Eigenschaften verkörpern, die man sich von einem Schutzengel erhofft. Insbesondere bei Menschen, die einen Elternteil verloren haben, höre ich oft diesen Satz in verschiedenen Varianten: „Mein Schutzengel ist mein/e Mutter/Vater. Ich weiß, daß sie/er immer bei mir ist, wenn ich sie/ihn brauche."

Eine Vorstellung, die sich wie ein roter Faden durchzieht, ist die Eigenschaft der Aufmerksamkeit und der Wachsamkeit. Das hängt wohl mit der weitverbreiteten Auffassung zusammen, daß die Engel Menschen auch warnen, noch bevor etwas passiert. Besonders Frauen sprechen von der Sensibilität und Aufmerksamkeit ihrer Engel und zeigen sich besonders offen für solche Warnungen im voraus. Eine Frau, die, wie sie sagt, ein sehr enges Verhältnis zu ihrem Engel pflegt, eröffnete mir kürzlich: „Eigentlich werde ich immer gewarnt, wenn etwas nicht gut ist für mich. Manchmal ist das eine fast hörbare deutliche Stimme, die sagt: ‚Hände weg!', aber dann gibt es auch diese leisen Warnungen oder die versteckten, die ich manchmal einfach nicht hören will oder auch nicht verstehe. Typisches Beispiel – ich wurde am Zoll extrem lang angehalten und ärgerte mich natürlich schrecklich. Ich fuhr dann zwar trotzdem weiter, um zu meiner Verabredung zu kommen. Heute weiß ich, daß dieser Zöllner mein Schutzengel war, der mich aufhalten sollte. Hätte ich auf ihn gehört und wäre wieder umgekehrt, wäre mir ein sehr unangenehmes Treffen erspart geblieben."

Neben der Schutzfunktion in gefährlichen Situationen, ist wohl die am meisten verbreitete Vorstellung – immerhin bei 83 % der Engelgläubigen – die der begleitenden Wirkung der Engel. Dazu gehört auch Trost und Ermutigung und die Vorstellung, daß Engel gütig, wenn auch nicht immer freundlich sind. Eine ältere Dame hierzu: „Mein Engel ist mitunter gar nicht so freundlich – ganz im Gegenteil. Und er nimmt mir auch nichts ab. Aber dadurch fühle ich mich eigentlich erst ernst genommen. Diese Vorstellung von den lieben Engelein, das ist doch Wunschdenken. Je ernster mein Engel mit mir umgeht, desto mutiger werde ich, desto wahrhaftiger fühle ich mich."

Manche verbinden mit den Engeln eine kinästhetische Wahrnehmung. Sie fühlen sich wie von unsichtbaren Händen geführt oder an der Haut berührt. Ein junger Mann dazu: „Manchmal habe ich das sichere Gefühl, daß mich Hände leiten und mir körperlich zeigen: ‚Geh da lang!' Immer wenn ich diesem Gefühl folge und mich nicht dagegen wehre, weiß ich, daß ich nicht fehlgehen kann. Aber wehe, ich wehre mich dagegen und setze meinen eigenen Kopf durch, dann geht alles schief."

Wesentlich seltener als die begleitende und schützende Wirkung der Engel wird heute noch der unmittelbar religiöse Aspekt explizit wahrgenommen. Zwar schimmert ab und zu die Vorstellung durch, Engel führen Menschen in die Ewigkeit, aber die ursprüngliche Boten- und Mittlerfunktion der Engel als Träger göttlicher Botschaften ist ziemlich an den Rand gedrängt, beziehungsweise wird eher umschrieben oder indirekt ausgedrückt. Fragt man aber genauer nach, zum Beispiel nach dem, worauf Engel eigentlich verweisen, so stelle ich immer wieder fest, daß die Rede von den Engeln für die wenigsten nur eine Redensart oder nur metaphorisch gemeint ist. Der transzendente Verweischarakter wird durchaus gespürt, aber eben nicht mehr wie im alten mythischen Weltbild als Einwirken Gottes von oben oder von außen. Er hat sich mehr in die Tiefenschichten der Seele, in innerseelische Vorgänge verlagert.

Dafür erlebe ich es öfter, vor allem wenn Menschen erkranken, daß sie sich Heilung von den Engeln erwarten. Besonders ältere Menschen, oder diejenigen, die sich sehr zu Hause mit ihren Engeln fühlen. Ich denke dabei an einen chronisch kranken Mann, der vom Medizinischen her schon sämtliche Wege versucht hat und zu der Gewißheit kam: „Nur noch ein Engel kann mich heilen – oder mir zumindest helfen, daß ich mit meinen Schmerzen irgendwie zurechtkomme."

Was für mich verblüffend ist und auch von den Demoskopen bestätigt wird, ist die Tatsache, daß die verschiedenen Vorstellungen davon, was Engel bewirken können, bei sämtlichen Befragten mit kleinen Varianten nahezu identisch sind. Es sind vier Kernaspekte, die sich wie ein roter Faden durch sämtliche Aussagen ziehen: 1. Engel schützen Menschen in gefährlichen Situationen. 2. Engel begleiten Menschen auf ihrem Lebensweg und geben Orientierung. 3. Engel trösten und ermutigen. 4. Engel warnen vor Gefahren. Die Aufgaben der Schutzengel sind also von Anbeginn an ziemlich gleich geblieben.

Wo liegen die Ursprünge dieser typischen Engelvorstellungen? Was könnte diese verblüffende Übereinstimmung bedeuten? Vorstellungen werden nicht einfach aus der Luft gegriffen, sie fallen nicht wie von einer unsichtbaren Hand ausgestreut, unbesehen vom Himmel der Einfälle. Sie stehen in einem bestimmten Kontext, in dem innere und äußere Erfahrungen zusammenkommen. Zu den äußeren Erfahrungen gehören Kenntnisse von Engelerfahrungen einer bestimmten Kultur- und Religionsgemeinschaft. Menschen, die mit solchen Vorstellungen keinerlei Berührung hatten, machen ebenfalls diese Erfahrungen von Schutz und Bewahrung, nur benennen sie sie anders. Dem äußeren Objekt „Engel" entsprechen innere Erfahrungen von elementarem Schutz, die ursprünglich zur Entstehung von Selbstgefühl und Selbstgewißheit förderlich waren. Unsere Engelvorstellungen führen uns in die allerfrüheste Lebenszeit zurück, eine Zeit, in der wir existentiell auf Schutz, Trost und Orientierung angewiesen waren. Die Ähnlichkeit der Engelvorstellungen scheint in diesen frühen Erfahrungen von Bewahrung ihren Ursprung zu haben. Sieht man die Engel menschheitsgeschichtlich geprägt, sozusagen als Spiegel dessen, was Menschen heute möglich ist, was sie brauchen, womit sie vertraut sind, so kann man an den Engelvorstellungen ablesen, was wir in unserer Zeit besonders brauchen: Schutz, Trost, Begleitung, Orientierung. Deswegen ähneln sich unsere metaphysischen „Fangnetze".

Gibt es Engel wirklich?

Ob es Engel wirklich gibt, weiß ich genauso wenig wie jeder andere. Wissenschaftlich sind sie jedenfalls nicht zu beweisen. Ich weiß nicht einmal, ob diese Frage wichtig ist. Wesentlicher erscheint mir die Frage, was hinter der Rede von den Engeln steckt. Da sie aber so häufig gestellt wird, werde ich versuchen, sie zu umkreisen. Diese Frage kann als albern, schwierig oder provokativ empfunden werden. Je nachdem, ob ich nun ein ausgekochter Rationalist bin, für den nur die meßbare Welt gilt, werde ich sie als albern empfinden, da ich weiß, daß es Engel weder heute noch früher gab und daß sie lediglich Personifizierungen menschlicher Kräfte oder Ideen darstellen. Als Christin würde ich diese Frage als provokativ empfinden, wenn ich mich auf die Bibel beziehe, in der es immerhin über 380 Bibelstellen gibt, in denen Engel erscheinen. Aber auch für diejenigen, die sich ernsthaft mit Engeln auseinandersetzen und ihnen Wahrheit zuerkennen, ist die Frage schwierig, weil man versucht ist, die Existenz der Engel zu relativieren. Wenn ich behaupte: „Es gibt Engel", dann meine ich damit nicht, daß ich im wachen Zustand schon Engel gesehen hätte, sondern ich spreche vom Ahnen, Spüren und Fühlen ihrer Nähe. Denn das Spüren hat für mich keinen geringeren Grad von Realität als der tatsächliche Anblick. Ich spreche von Erfahrungen, Orten und Augenblicken, in denen unsere Seele Flügel bekommt, und von der Begegnung mit der Tiefendimension eines anderen Menschen, die uns unserer Ganzheit näher bringt, die wie ein Geschenk des Himmels oder im Namen der Bibel ein Engel ist.

Natürlich gibt es Menschen, die nur an das glauben, was sie konkret sehen und erleben. Ihnen erzähle ich gern meine Geschichte von der Giraffe: „Jemand geht in den Zoo und bleibt plötzlich vor einem

Riesenpaar Beine stehen. Er hebt seinen Kopf und sieht einen Bauch, der zu den Beinen gehört. Er schaut immer höher und entdeckt einen Hals und irgendwo in den Wolken einen Kopf. ‚Nein, das ist unmöglich. Solch ein Tier gibt es nicht‘, sagt er, geht weiter und schaut sich nicht einmal um.“ So geht es vielen Menschen. Sie sehen die Welt durch ihr Fenster und wollen innerhalb ihres Fensterrahmens bleiben. Wenn die Giraffe zu groß für das Fenster ist, so existiert sie einfach nicht. Pech für die Giraffe! Warum erwähne ich diese Geschichte? Ich habe den Eindruck und die Hoffnung, daß wir uns in einer Entwicklung befinden, die unser rationales Weltverständnis nicht ablöst, aber Fenster öffnet und ergänzt: nämlich um die Wiederentdeckung des Intuitions- und Phantasiedenkens. Solches Denken bedeutet mehr als nur die Aufforderung, eigene Einseitigkeiten zu erkennen, sie bedeutet die Ehrfurcht vor dem, was Menschen als Engelerfahrungen erleben.

Menschen kommen zu mir in meine Praxis und schildern mit den Worten ihres Bewußtseins, worunter sie leiden. Dennoch zeigt sich, daß sie auf diesem Weg nur sehr begrenzt Zugang finden zu den wahren Hintergründen ihrer Not. In ihren Improvisationen, Träumen oder Bildern kann sich vieles wesentlich unmittelbarer ausdrücken als in ihren bewußten Mitteilungen. Und gerade diese traumnahe Sprache findet sich im Bild vom Engel. In ihm drücken sich kollektive Erfahrungen aus in einer Symbolsprache, die nicht gegenständlich oder kausal zu erfassen ist. Die Universalität des Engelbildes zeigt, daß es sich dabei um ein grundlegendes Muster handelt, das zum kollektiven Erbe der Menschheit gehört. In jedem Individuum ist die Kollektivität präsent, durch das kulturelle Gedächtnis, durch die Sprache, Bilder und Metaphern. Engel scheinen ein Urbild der menschlichen Psyche zu sein – ein Bild, das etwas symbolisiert oder überschreitet, was mit paradigmatischen Urerlebnissen zusammenhängt, die in den Gedächtnissen der Menschen gespeichert sind.

Wer sich in die zahllosen Engelgestalten in Farbe, Holz, Stein vertieft, findet darin mehr als nur Kultfiguren, sie sind Spiegel der Bewußtseinsgeschichte und Ausdruck der jeweiligen Stadien der Bewußtseinsentwicklung. Sie sind Wegmarken, die nicht nur die aktuelle Situation von Menschen widerspiegeln, sondern auch deren Hintergründe. Der Theologe Paul Tillich sieht in ihnen Symbole, die auf eine „Tiefendimension der Wirklichkeit" verweisen. Den Glauben an sie definiert er als das „Ergriffensein des Menschen von dem, was ihn unbedingt angeht". Gemeint ist hier ein Ergriffensein, das den ganzen Menschen umfaßt, also mit Leib, Geist und Seele.

Engel sind andere Gefährten als der Mitmensch, der Freund oder der Hund. Sie sind belebt und beseelt von Menschen, die hineinragen in einen Bereich, der weit entfernt ist. Er liegt hinter den Dingen und zugleich innen im Menschen. Engel führen in den Bereich zu uns hin und gleichzeitig über uns hinaus. In sämtlichen Engelvorstellungen geht es um die Überbrückung von Trennung oder von Abständen. Spricht man von den Engeln Gottes, so geht es um den größten aller Abstände, sie haben die Ferne zu Gott zu überbrücken. Deswegen kann man sie als Symbole der Trennung sowie der Verbindung zum Transzendenten auffassen.

Warum werden Engel in Menschengestalt dargestellt? Weshalb ist ihre Vorstellung mit Flügeln und Fliegen verbunden? Was bedeutet das Umgebensein von hellem Licht oder weißer Kleidung? Warum sind sie sozusagen zeitlos und geschlechtslos? Verfolgt man die Spuren der Engel an den Ausgangspunkt zurück, so stößt man auf den ersten Beziehungs- und Beseelungsraum, den Menschen erleben. Die intrauterine Geborgenheit im Urmeer des mütterlichen Schoßes ist vermutlich das einzige Stadium, das wirklich heimlichen, das heißt heimatlichen Charakter besitzt. Von der Erinnerung dieses frühen Schutzraumes, den leiblichen Berührungenen des Gehalten- und Umfangenseins als Quelle des Grundvertrauens ist das Bild des Engels geprägt. Alle Geschichten von Engeln gründen in dieser Geschichte von ursprünglichem Umfangensein und Getragensein, bis der eigene Wachstumsprozeß es erlaubt, das Leben selbständig und selbstbestimmt in die Hand zu nehmen. Einige

Züge dieser ursprünglichen menschlichen Bergung finden wir in unzähligen Varianten bei Engelvorstellungen. Das Fliegen oder Schweben der Engel ist vermutlich geprägt von diesen vorbewußten frühen Erfahrungen. Hier liegt die menschliche Grunderfahrung von einem Geborgensein, das in der Verbindung zum Mitlebendigen entsteht. Das fötale Schweben in der Geborgenheit eines sicher enthaltenden Binnenmeeres, ohne Boden unter den Füßen, legt den Vergleich zu den Engeln mit ihren kleinen oder größeren Flügeln nahe. Diese allerersten Erfahrungen und Wahrnehmungen vom Schweben und gleichzeitigem Gehaltensein bleiben im Menschen wirksam. Dieser Erfahrung vergewissern sich Menschen mit der Vorstellung von Engeln immer wieder neu. In den Engeln verkörpert sich eine Sehnsucht oder besser eine phantasievolle Vorstellung, die wohl zum imaginären Besitz der Menschen gehört. Darin steckt auch die Vorstellung von Befreiung, Überwindung von Erde, Raum und Schwerkraft.

Ob es sich nun um die Erfahrung des allumfassenden Lichtes als Symbol der Liebe handelt, der weißen Gewänder, des Ringes oder der Krone auf dem Kopf, wie das Kinder gern malen, all diese Vorstellungen besitzen uterus-mimetische Qualitäten. In diesen Qualitäten hat man den Ursprungsort der Engel zu erkennen. Jede Engelvorstellung oder -wahrnehmung ist daher eine Metapher für den ersehnten Anschluß an eine verlorene Einheit des Seins. Und letztendlich läßt sich auch der Glaube an Gott aus dieser ursprünglichen Erfahrung bergenden Umfangenseins herleiten. Kurz gesagt: Engel verkörpern die Sehnsüchte von Menschen, deswegen ähneln sie uns Menschen. Sie sind aber gleichzeitig auch ganz anders.

Tatsächlich ist das, was man eine Engelvorstellung nennt, nicht vorstellbar ohne diese frühen Erfahrungsräume ursprünglichen Geborgenseins, auf die Menschen immer wieder zurückgreifen. Kinderpsychologen haben dazu reichlich Material geliefert, um die These zu untermauern, daß Kinder nur dann auf einen guten Weg geraten, wenn sie die Chance bekommen, auch in ihren reiferen Stationen der

Selbstwerdung und vor allem an Schwellensituationen immer wieder die vertrauten Szenen des Geborgenseins mit ihren Müttern auf immer wieder neue Weise weiterzuspielen. Jedenfalls ist das, was man ein Engelbild nennt, nicht vorstellbar ohne seine Funktion, die es für den Weg des Selbstwerdens besitzt. Es begleitet jeden individuellen Entwicklungsschritt und gestaltet sich je nach Situation neu. Mit dieser Hilfe wird es möglich, zuversichtlich neue und erweiterte Erfahrungsräume zu erschließen.

Man ist kein Genie, man hat eines

Ein tieferes Verständnis der Schutzengel legt den Versuch nahe, nach den ersten Ursprüngen und ihrer individuellen Verankerung zu fragen. Wir alle tragen in uns die Erinnerung an unsere ursprüngliche Bergung im Bauch der Mutter. Von diesem bleibenden urszenischen Muster des Geborgenseins in einer warmen, fördernden Rundhöhle stammen letztlich alle späteren Bergungs- oder Bewahrungsmotive ab. Wenn Menschen von ihren Engeln reden, schwingen immer auch Reminiszenzen an dieses ursprüngliche Geborgensein mit. Ein Geborgensein, das als Lebendigkeit umgeben von Lebendigem erlebt wurde, das in seinem Eigenleben Bestätigung von einem lebendigen Außen erhielt. In diesem intrauterinen Doppelleben und dessen nachgeburtlicher Fortsetzung im Mutter-Kind-Feld liegt der Schlüssel für die Motive von Schutzbedürfnissen und die Sehnsucht nach Umgebensein oder Koexistenz, die später in unerschöpflich vielen Tonarten und Wiederholungen die Grundstruktur des Engelerlebens durchzieht. Man könnte somit sagen, daß Schutzengel so etwas wie eine fördernde lebendige Hülle für Menschen darstellen. Eine Schutzhülle, durch die Menschen in ihrem Eigenleben bestätigt und gefördert werden. Das Muster der Engel als modifizierte Form des Innenseins mit der Mutter finde ich immer wieder bestätigt bei Engeldarstellungen von Erwachsenen, die ihre Engel in Form von Kreisen symbolisieren. Interessant daran ist, daß der Kreis gestalthafte Bergung und Halt repräsentiert und zugleich auch zur Überschreitung, zum „Geh weiter" einlädt. Denn sobald ein abgegrenzter Raum vorgestellt wird, setzt auch schon die Herausforderung der Grenze ein, in der das Bleiben mit der Überschreitung in Konkurrenz tritt. Jeder geschlossene Kreis sagt zugleich „Halt" (auch im übertragenen Sinn) und „Geh vorwärts". Eine Botschaft, die in unzähligen Abstufungen als typische „Engelsbotschaft" immer wieder erwähnt wird. Dieses „Geh weiter" oder „Geh vorwärts" scheint mir ein wichtiges Merkmal positiver Engelerfahrungen zu sein, denn es kann ja wohl nicht darum gehen, daß wir wieder zurück in unsere Ursprungseinheit kehren. Das wäre ein Mißverstehen dessen, was der Auftrag der Engel sein sollte. Ihr Auftrag heißt nicht Rückkehr, sondern Begleitung beim Weitergehen beziehungsweise Weg-Gehen.

Der Gedanke der Wegbegleitung, den Menschen benötigen, stammt nicht erst aus unserer Zeit. Einer eindrucksvollen Auffassung von Wegbegleitung durch Schutzgeister begegnen wir schon bei den Römern der Kaiserzeit, die dazu einen eigenen Kult entwickelten. Diese Schutzgeister begleiteten die unter ihrem Schutz stehenden Menschen aus dem Haus hinaus bis an die Wegkreuzungen, wo die Schutzgeister- oder Larenaltäre standen, und von da aus auf allen Reisen in den bewohnten Erdkreis. Jeder Mensch hatte einen Genius, das heißt seinen Schutzgeist, der zu seiner Begleitung abgeordnet war. Jedes Haus war außerdem eine Residenz von nahen Geistern, den Penaten, die als Götter des Vorrats die Schutzfunktion über einen engen familiären Lebensbereich wahrzunehmen hatten. Wenn wir heute sagen, jemand sei „von allen guten Geistern verlassen", so schwingt vielleicht noch etwas mit von alter kaiserzeitlicher Theologie. Sie ist auch in die christliche Seelenpolitik eingeflossen: Hier geht es darum, die Seele für Gott zu öffnen, damit er uns sowohl ins stille Kämmerlein wie auch auf Reisen in die Welt folgen kann. Dies alles zeigt, daß Menschen auf Begleitung angewiesen sind, weil sie sich letztlich nicht selbst begleiten können. Und von jemandem, der gut allein sein kann, könnte man sagen, daß er die Gabe besitzt, sich auch im Alleinsein begleitet zu wissen. Der Philosoph Peter Sloterdijk brachte diese Erkenntnis auf den Punkt: „Man kann nicht ein Genie (lat. genius „Schutzgeist") sein, sondern man kann eines haben." Man kann einen Genius haben, der zur eigenen Begleitung abgeordnet ist. Diese Vorstellung ist uns heute abhanden gekommen, wir fühlen uns zunehmend allein. Vor diesem Hintergrund könnte begreifbar werden, weshalb Ängste und Depressionen so dramatisch zunehmen. Kann nicht eine der Ursachen sein, daß wir zur Selbstbegleitung gezwungen sind, die uns überfordert und deshalb auch nicht gelingen will? Wenn Menschen über sich selbst nachdenken, sich besinnen und sich selbst befragen, wie das ja häufig am Jahreswechsel oder am Geburtstag geschieht, und dann zu dem Ergebnis kommen, nicht mehr feiern zu wollen, so hängt dies vielleicht auch damit zusammen, daß ihnen die Bündnisse mit ihren „Genies" abhanden gekommen sind.

Sämtliche Aussagen über den Menschen verweisen auf jene Aussage der klassischen Philosophie: Mensch wird man durch die Mitmenschen. Oder um mit Goethe zu sprechen: „Was wir sind, das sind wir anderen schuldig." Von Anfang an sind Menschen die Nicht-allein-Lebenden. Das heißt auch, von Anfang an brauchen wir Begleitung und Gefährten. Es gibt niemals ein völlig isoliertes Innen, ein unverbundenes Selbst. Menschen, die sich selbst gut begleiten können, vermögen dies nur, weil sie Begleitung erfahren haben. Dieser Gedanke wird heute sogar auf elektronischem Wege umgesetzt, ich denke dabei an die Vermarktung der virtuellen Tierchen namens „Tamagotchi" oder an die von der Firma Microsoft entwickelten Gefährten namens „Furby", die die Funktion des stets verfügbaren Begleiters übernehmen sollen, die einem Gesellschaft leisten und einen nicht allein lassen. Ich nehme an, daß diese Entwicklung virtueller „Begleiter" in den nächsten Jahren noch weiter expandieren wird. Zu bedenken ist aber, daß technische Hilfsmittel immer einen Verlust und eine Gefahr mit sich bringen, denn Abstraktion kann zum Beginn der Unmenschlichkeit werden. Es muß daher die Frage gestellt werden: Wie wirkt sich das aus? Welche Symptome, Störungen psychischer, somatischer und sozialer Art entstehen durch den Umgang mit virtuellen Begleitern? Was geschieht mit Kindern, die keine lebendige Resonanz in Form von Berührtsein, Trost und Stütze

51

erfahren können? Schon Goethe thematisiert diese Fragen in den „Wanderjahren", wenn er Wilhelm sprechen läßt: „… ich habe im Leben gefunden … daß diese Mittel, wodurch wir unseren Sinnen zur Hülfe kommen, keine sittlich günstige Wirkung auf den Menschen ausüben." Wir brauchen also eine Begleitung, die unsere Seele berührt.

PSYCHOLOGISCHE
VORAUSSETZUNGEN

Frühkindliche Quellen von Religiosität

Wo liegt nun das Einfallstor für Engelerfahrungen? Dazu müssen wir zunächst ausmachen, wo in der Entwicklung des einzelnen Menschen die Quellen für sogenannte heilige Momente, Andacht, Gottvertrauen, Verbundenheit liegen. Entwicklungspsychologisch betrachtet haben sie ihren Ort in der Phase der Entstehung von Selbstgefühl und Selbstgewißheit. Das heißt in der Zeit zwischen vorsprachlichem Erleben und sprachlicher Erfassung des Lebens, also bevor das sogenannte Realitätsprinzip dominiert. Solche Erfahrungen können zwar in Sprache gefaßt werden, und viele Schriftsteller und Poeten sehen darin eine große Herausforderung. Doch scheinen sie von ihrer atmosphärischen Qualität her doch eher im vorsprachlichen Bereich angesiedelt. Der Psychoanalytiker Tilmann Moser spricht davon, daß bereits das zweite Lebensjahr einen Höhepunkt der sichtbaren und spürbaren Ausformung von Andacht bedeutet. Mütter, die ihre Kinder stillen, so sagt er, sprechen ohne jeden Zweifel von ihrer Andacht bei diesem intimen Vorgang, und sie wissen auch darum, wie sie mit ihren satt gewordenen Säuglingen in diesen sprachlosen Raum voll andächtiger Hingabe eintauchen und manchmal wie endlos verweilen.

Wahrscheinlich gibt es schon Vorformen von Andacht, die bereits im Mutterleib angelegt sind, wenn das Ungeborene ab drittem oder viertem Monat der Schwangerschaft seine Bewegungen selbst initiiert, sie mit der Mutter abstimmt und dadurch mit der Mutter Kontakt aufnimmt. In diesem organischen Eingebundensein bahnt sich wohl die leibseelische Fähigkeit zu Grundvertrauen an, das auf dem selbstverständlichen Funktionieren des Organismus und der einfühlenden Zuwendung der Bezugspersonen beruht und sich in den ersten Lebensmonaten als Daseinsgewißheit weiterentwickelt. Diese Erkenntnisse der Entwicklungsforschung und der Embryologie unterscheiden sich von früheren Entwicklungskonzepten, indem sie nicht mehr einen undifferenzierten Zustand von Verschmelzung bzw. Symbiose von Mutter und Kind unterstellen. Die neueren „Babyforschungen" haben gezeigt, daß das Kind von Anfang an in Interaktion ist, auf vielfältige Weise auf seine Umwelt reagiert und sie sogar beeinflußt. Sichernde, bergende, stützende Beziehungen sind deshalb schon von Babyzeiten an zentrale Grundlage für Beruhigung, Tröstung und Brücke zur Welt späterer Überschreitungen und „Selbstbewahrungen". Im Alter von etwa sieben Monaten bis zwei Jahren entwickelt sich das Gefühl des subjektiven Selbst. Für das Kind eine wichtige Entdeckung, weil es nun zwischen sich und anderen unterscheiden kann. Es erkennt, daß es Subjekte gibt und daß sich nicht nur in ihm selbst, sondern auch in anderen eigene, innerliche Zustände abspielen. Damit ist die Grundlage für Zwischenmenschlichkeit gelegt, die ganz entscheidend von der emotionalen Begleitung des Kindes durch die Bezugspersonen abhängt.

Es gibt einen Zusammenhang zwischen andachtsvollen Gefühlen, dem Erleben eines eigenen Kern-Selbstgefühls und der Wahrnehmung einer nicht zum Selbst gehörenden Außenwelt, sei es nun die Mutter oder eine andere Bezugsperson. Entscheidend für die Entfaltung religiösen Erlebens ist wohl die Vorstellung und Erfahrung des Kleinkindes, daß es so etwas wie „immerwährende bergende Arme" gibt, die relativ zuverlässig für es da sind. In dieser Verflochtenheit von inneren Vorstellungen und äußerem sicherem Erleben, von Verbundenheit und Geborgenheit können sich Vorformen religiösen Erlebens entfalten, die zu dieser Zeit noch eng mit den Bezugspersonen verknüpft werden, später aber als Grundmuster für transzendente Erfahrungen fortwirken. Der amerikanische Säuglingsforscher Daniel Stern hat solch eine morgendliche Andachtssituation in seinem Buch „Tagebuch eines Babys. Was ein Kind sieht, spürt, fühlt und denkt" atmosphärisch eingefangen: „Joey ist gerade aufgewacht. Er blickt unverwandt auf den Reflex des Sonnenstrahls an der Wand neben seinem Kinderbett. Ein Stück Raum leuchtet dort drüben. Ein sanfter Magnet zieht an und hält fest. Der Raum erwärmt sich und wird lebendig. In seinem Innern beginnen Kräfte sich langsam tanzend umeinander zu drehen. Der Tanz kommt näher und näher. Alles steigt auf, ihm zu begegnen. Er kommt immer näher. Aber er kommt nie an. Die Spannung verebbt."

Dieses sensible Erlebnis trägt alle Merkmale andächtiger Hingabe, die von Künstlern in Bild, Musik und Wort gleichermaßen ausgedrückt werden. Um sich überhaupt künstlerisch ausdrücken zu können, muß es wohl schon früh und womöglich häufig solche Augenblicke hingebungsvoller Andacht gegeben haben, die letztlich auf die entscheidende „bewahrende Beziehung" zurückzuführen sind: die Eltern. Sie sind für das Kind in ihren verschiedenen Dimensionen so mächtig, groß und doch vertraut und schützend auch vor den eigenen inneren Momenten des Überraschenden und Unheimlichen. Selbst wenn sie nicht anwesend sind, kann das Kind sie in seiner Phantasie, in seinem Gefühl hervorholen und mit ihnen innerlich in Kontakt treten. Stern spricht hier von inneren Gefährten, die im Gedächtnis des Kindes gespeichert sind und damit ein Reservoir für Geborgenheit und Aufgehobensein bilden. Das ist wohl, wie ich auch im vorhergehenden Kapitel aufzeigte, eine entscheidende Grundlage für Engelerfahrungen und -erlebnisse, in denen diese frühen Prägungen als Grundmuster für symbolische Inhalte und Sinneserfahrungen zugrunde gelegt werden.

Wesentlich für die Entwicklung von religiösen Gefühlen und Erleben sind auch die Blickdialoge, das Angeschautwerden, der Glanz in den Augen der Eltern, in denen sich das Kind sozusagen spiegelt. Ein äußerst kreatives Geschehen, über das sich das Kind allmählich zu erkennen lernt, weil es von außen Bejahung und Wertschätzung erfährt. Das mütterliche „Das bist du", läßt die Erkenntnis erwachen: „Das bin ich." Hier geschieht der Aufbau einer Innenwelt, weil das Kind erfährt, ich werde bejaht, ich darf sein. Im günstigen Fall erwachsen daraus positive Verinnerlichungen und Vorstellungen, wie auch der Aufbau einer sinnvollen Außenwelt, der sich das Kind zunehmend bewußt wird. Blickdialoge behalten über das ganze Leben hin Bedeutung, erfahren wir doch in ihnen, was es heißt, im Blick des anderen aufgehoben zu sein. Auch bei den Engelerfahrungen spielen sie eine wesentliche Rolle. Menschen sprechen von warmen Engelsaugen, von verstehenden Blicken, von guten Spiegeln – aber auch vom Gegenteil, von schrecklichen Augen, kalten Blicken und furchtbaren Spiegeln. Selbst die Erinnerung an Stimmen, Gerüche und Atmosphären, in denen die Mutter dem Kind nahe ist, werden in Engelerfahrungen wiederbelebt. „Plötzlich roch es nach warmem Brot", „Der Geruch von Heidekraut war in meinem Raum", „Es war, als hätte ein Engel Rosenduft in meinem Zimmer versprüht", „Manchmal werde ich ganz ruhig, weil ich so etwas wie eine tiefe warme Stimme um mich herum höre", „In tiefster Verzweiflung hörte ich wie von weit her eine wohltönende Stimme", „Jemand rief meinen Namen". Solche und ähnliche Kommentare deutet auf das früh erworbene und zeitlebens vorhandene Gefühl von Geborgenheitserfahrungen, die sich später in der Sprache der Engel ausdrücken.

Bedeutung von Übergangsobjekten

Den Verstehenshintergrund meiner psychologischen Überlegungen zu den Engeln bieten die bahnbrechenden Theorien des englischen Kinderanalytikers Donald W. Winnicott (1896–1971). In seiner kindertherapeutischen Praxis hat er über lange Zeit hinweg Kleinkinder und ihre Mütter beobachtet. Ihn interessierte, wie sie zueinander in Beziehung treten, Trennungen verkraften usw. Diese Beobachtungen führten dazu, daß er Anfang der fünfziger Jahre den sogenannten Übergangsraum mit den Übergangsphänomenen und Übergangsobjekten entdeckte und definierte. Diese Erkenntnis bietet einen brauchbaren psychologischen Bündelungspunkt zum Verständnis des Phänomens „Engel". Beschäftigt man sich näher mit den Erfahrungen dieses Übergangsraumes, so fällt auf, daß alle Be- und Umschreibungen dieses Erfahrungsraumes samt seiner Objekte auch auf das zutreffen, was Menschen über ihre Erfahrungen und Gefühle mit Engeln berichten oder geschrieben haben. Ich beziehe mich hier auf die Untersuchungen von Ellen Stubbe und Caroline Neubaur, die sich in ausführlicher Weise mit dem Werk Winnicotts auseinandersetzten.

Zunächst werde ich Winnicotts Thesen so weit nachzeichnen, wie sie für ein Verständnis der Engel von Nutzen sind. Es gibt einen bestimmten markierbaren Spielraum in der individuellen Entwicklungsgeschichte, für den Winnicott den Begriff des „Übergangsraumes" geprägt hat. Dieser Übergangsraum ist ein Zwischenbereich, der weder völlig zur eigenen Person noch zu der der Mutter, weder allein zur Phantasie noch zur völlig von der eigenen Person unabhängigen Realität gehört. In diesem Raum sind die sogenannten „Übergangsobjekte" und „Übergangsphänomene" angesiedelt. In seinem Aufsatz „Übergangsobjekte und Übergangsphänomene" spricht Winnicott von diesem Übergangsraum des Erlebens, dessen Ursprünge in der Sphäre zwischen Mutter und Kind liegen. Ein Zwischenbereich, der sich zwischen der inneren Welt des Kindes und der äußeren Wirklichkeit befindet. Ein Spielraum, in dem all das angesiedelt ist, was dem Spielen und der Phantasie einen Ort gibt, und später auch die Wiege sämtlicher Vorstellungswelten von Kultur, Kunst und Religion bildet.

Wie dies geschieht, läßt sich leicht nachvollziehen: *Ein kleines Kind fühlt sich allein gelassen, weil die Mutter in die Küche geht, um das Abendessen für die Familie vorzubereiten. In diesem Moment greift es nach einem Tröster, an den es sich halten kann, um diese Trennung zu überbrücken: Es greift zu seinem Schmusetuch. Wenn es Wangen und Nase an dieses Schmusetuch drückt, fühlt es sich liebkost und getröstet. Es schnuppert daran und findet seine eigenen Babygerüche wieder.* Auf dieses Tüchlein kann das Kind immer wieder zurückkommen, wenn es sich alleine fühlt. Deshalb gerät es auch in Panik, wenn es einmal nicht auffindbar ist oder wenn die Mutter die vertrauten Gerüche herausgewaschen hat. Das Schmusetuch ist sein Besitz, es hält die heftigen Gefühle des Kindes aus und läßt es nie im Stich. Es ist immer da, wenn das Kind Sehnsucht danach verspürt. Es ist immer verfügbar. Das Schmusetuch gibt dem Kind das Gefühl, liebevoll geborgen zu sein. Dieses Gefühl läßt das Kind Vertrauen in die Wirklichkeit gewinnen. Das Übergangsobjekt muß natürlich nicht ein Tüchlein sein, es kann auch eine Puppe, ein Stofftier usw. sein, doch meistens ist es weich und kuschelig.

Nach Winnicott leben Menschen in drei Welten. Die erste Welt ist das Leben in der äußeren Realität mit ihren Aufgaben und Beziehungen. Die zweite Welt ist die der persönlichen inneren Welt. Die dritte Welt spielt sich in dem Bereich ab, den er als dritte Dimension markiert. Zu dieser tragen sowohl das innere wie auch das äußere Leben bei. Hier sind die Menschen Schöpfer ihrer eigenen, subjektiven Welt und verfügen über so etwas wie eine Pufferzone, in der sie geschützt sind und ausruhen dürfen von den Aufgaben und Herausforderungen der Realität.

Die Bedeutung des Übergangsraumes oder des „potentiellen Raumes" für den Prozeß der Selbstwerdung geht einher mit der Schaffung von Übergangsphänomenen. Sie dienen dem Kind, das allmählich die Illusion aufgeben muß, ständig mit der Mutter verbunden bleiben zu können, als Ersatz, wenn es von der Mutter getrennt ist. Dies ist eine eigenständige, schöpferische Leistung des Kindes. Sie ermöglicht die allmähliche Loslösung von der Mutter und ist damit grundlegend für die Bildung einer eigenständigen Identität. Sie setzt die Fähigkeit voraus, den anderen als anderen wahrzunehmen, und das heißt auch, Fremdheit und Trennung zu akzeptieren. Dies kann aber nur glücken, wenn das Kind ein relativ sicheres und zuverlässiges Bild seiner Mutter hat. Erst wenn es seine Mutter oder Bezugsperson als etwas Eigenes, Abgegrenztes erleben kann, ist es auch in der Lage, sich nach dem verinnerlichten Bild der Mutter innere Gefährten zu schaffen. Das Pendeln in diesem Mutter-Ersatzraum, zwischen Ich und Nicht-Ich führt zu einer Reihe von Entdeckungen eigener Fähigkeiten, eigenen Besitzes, eigener Körpererfahrungen, die dazu dienen, sich der Welt neu und eigenschöpferisch zu vergewissern.

Die Bedeutung von Übergangsphänomenen und Übergangsobjekten hängt eng mit diesen Erfahrungen zusammen. Übergangsobjekte sind Vertreter dieses Zwischenraumes, sie markieren ihn in dinglicher Form. Neugeborene, die anfänglich noch die Faust, die Finger oder den Daumen in den Mund nehmen, finden schon bald Freude an Gegenständen, die in der Regel weich, griffig und mit angenehmen Erfahrungen verbunden sind, z. B. Kuscheltiere, Schmusetücher, Puppen oder Teddybären. Während die Übergangsphänomene ein bißchen früher auftreten und mehr im Zusammenhang mit bestimmten Aktivitäten des Kindes stehen, wie das Vor-sich-hin-Lallen, der Singsang, das Lutschen, das Zupfen oder In-den-Mund-Stecken, so kann man die Übergangsobjekte als „Tröster" definieren. Sie bezeichnen das Vertraute, Angenehme, das das Kind bei sich haben muß, um sein Alleinsein oder Getrenntsein zu mildern und überbrückbar zu machen, wobei es mißverständlich ist, sie nur als konkrete Objekte zu verstehen. Winnicott will sie als „Erfahrungsbewegungen" verstanden wissen, weil sie dem Kind eine Erweiterung seiner Selbsterfahrungen und Ausdehnung seines leiblichen Erlebens ermöglichen. Eine Bewegung in die Welt hinein, die sagt: „Ich bin nicht nur hier, sondern hier bin ich auch!" Vielleicht hängt damit auch zusammen, daß Menschen, wenn sie von ihren Engeln sprechen, häufig körperliche Signale erwähnen: Sie sprechen vom heiligen Schauer, vom Überrieseltwerden, vom Gefühl körperlicher Ganzheit. Dies alles ist Ausdruck von solchen Erfahrungsbewegungen.

Mit dem Begriff des Übergangsobjektes hat Winnicott eine ganze Reihe psychischer Funktionen zusammengefaßt: die Funktion des Sicherheitsgefühls, des Beruhigens, des Tröstens, der Bewältigung negativer Gefühle und Erlebnisse, des In-Beziehung-Bleibens, des Selbständigwerdens sowie der Symbolbildung und der kreativen Symbolverwendung. Immer geht es dabei darum, Verlust und Trennung zu bewältigen. Und dies haben Übergangsobjekte mit den Engeln gemeinsam: Engel werden wichtig, wo es um die Überbrückung von Trennungen geht.

Übergangsobjekte als Grundlage der Kreativität

Die Übergangsobjekte, so haben wir im vorigen Kapitel gesehen, nehmen also das kindliche Vertrauen in die Mutter auf, sie überbrücken das Alleinsein und Getrenntsein. Winnicott führt seine Theorie allerdings noch weiter: Er behauptet, das Übergangsobjekt sei als Vorläufer aller späteren kreativen und kulturellen Tätigkeiten zu begreifen.

Nach Winnicott ist jeder Mensch schöpferisch. Kreativität bestimmt für Winnicott den Umgang des Menschen mit sich selbst und seiner äußeren Welt, seine Möglichkeit, sich in den „potentiellen Raum, den Raum des Möglichen" durch schöpferische Wahrnehmung und Handlungen auszudehnen. Der Wert dieses potentiellen Raumes ist nicht nur für den Künstler bedeutsam, sondern ebenso für alle tätigen Menschen. Das schöpferische Potential dieses Raumes liegt darin, daß er die Möglichkeit zu einem unendlich vielfältigen Austausch bietet, bei dem der einzelne aus dem gemeinsamen Schatz der Menschheit schöpft und dabei seine persönliche Existenz überschreitet. Diese schöpferischen Fähigkeiten können gefördert oder durch unterdrückende oder einfach nicht förderliche Bedingungen zum Verstummen gebracht werden. Damit hört auch das Unbewußte auf, sich auszudrücken und seine Schätze und die Geheimnisse der Innenwelt nach außen zu bringen. Die Folge ist, daß die Phantasien verarmen, die Träume verlorengehen.

Es war Winnicotts Verdienst, eine wesentliche Verbindung zwischen dem persönlichen Objekt in der Form des Übergangsobjekts und der späteren kreativen Phantasie herzustellen. Übergangsobjekte sind wie das spätere, vom Menschen bewußt erschaffene, schöpferische Produkt in ungewöhnlichem Maße subjektiv wie objektiv. Doch unterscheidet sich die spätere erwachsene kreative Tätigkeit von dem Übergangsobjekt dadurch, daß wirklich Materialien oder Ideen geformt und entwickelt werden, die von anderen, jedenfalls potentiell, aufgenommen und wahrgenommen werden können. Das Übergangsobjekt wird hingegen in der Beziehung zu den jeweiligen Bezugspersonen vorgefunden und erschaffen.

Der schöpferische Prozeß der erwachsenen Menschen erfordert einen Spielraum wie ihn Winnicott für das Übergangsobjekt als Übergangsraum beschrieben hat: Hier kann das Individuum frei von Angst, Konflikten und Bedrohung sein und Vertrauen in seine Umwelt setzen, so daß es sich entspannt und unbesorgt seinen Einfällen hingeben kann. Erst diese Umstände erlauben einen Zustand des Schöpfertums, des Ideenreichtums und des Erlebens, das Michael Csikszentmihaly als „Flow-Erlebnis" bezeichnet hat. In diesem freien Zustand des Fließens entsteht der offene Raum der Phantasien, der Träume, des kreativen Schaffens und Schöpfens, des Kunstgenusses, der Andacht und der religiösen Gefühle. In diesem Übergangsraum liegen auch die schöpferischen Zugänge zu den Dimensionen, die Menschen Schutz, Halt und Geborgenheit liefern – hier liegt die Heimat der Engelerfahrungen, die auch auf etwas Beschützendes, Tröstliches hinweisen. Spielräume oder Symbolisierungszonen öffnen sich, in denen sich individuelle Nöte und Problematik und kollektive, kulturbedingte Erfahrungen treffen. Mit diesen individuellen und kulturbedingten Räumen hängt auch zusammen, daß Menschen in bestimmten Kulturgemeinschaften ihre Erfahrungen mit ähnlichen Engelbildern und Engelmotiven auszudrücken versuchen.

Der erwachsene oder erwachsen werdende Mensch schafft sich die jeweils notwendigen Übergangsobjekte allerdings nicht immer in einem ungestörten Raum. Oft dienen sie gerade in beängstigenden Situationen der Beruhigung, oder sie sind als verfügbarer Hintergrund wichtig, auf den bei Bedrohung oder Angst zurückgegriffen werden kann. Dieses Phänomen finden wir vor allem bei Menschen, die aus dem emotionalen Gleichgewicht geraten sind, deren Lebenswelt bedroht ist oder gar zusammenbricht. Gerade in der Not greifen sie nach ihren jeweiligen Übergangsobjekten. Dies schildert etwa eine junge Frau: *„Ich war richtig verzweifelt. Weinend saß ich auf meinem Bett und dachte daran, mich umzubringen. Ich rief meine Freundin an: ‚Ich brauche dich!‘ Sie konnte aber nicht auf mich eingehen, weil ihre Kinder gerade krank waren. Nach diesem Gespräch fühlte ich mich erst recht von Gott und der Welt verlassen. Wie ein gefangenes Tier lief ich in meiner Wohnung herum, da kam mir meine alte Flöte in den Sinn — schon ewig hatte ich nicht mehr gespielt. Ganz zaghaft begann ich zu spielen — nur einen Ton. In diesen Ton gab ich alles hinein, was ich fühlte. Es war, als ob meine Verzweiflung plötzlich einen Ton bekommen hätte. Aus diesem Ton entwickelten sich allmählich immer mehr Töne, bis hin zu Melodien, die aus meinem Innersten aufstiegen. Ich konnte mich endlich gehen lassen und aus der Tiefe meiner Seele so richtig klagen. Ich wurde immer mutiger, und plötzlich hatte ich das starke Gefühl: ‚Ich lebe. Ich klinge. Es gibt mich.‘ Ich hörte mir zu, wie ich spielte. Es war tatsächlich mehr als ein Hören, es war ein Horchen mit dem Herzen. Bilder und Beziehungen tauchten vor meinem inneren Auge auf — eine wahre Flut von Eindrücken. Und ich hatte das Gefühl, daß sie alle in mein Spiel flossen. Es war alles eins, die pulsierenden Töne, mein Seufzen, die Flöte, und ich konnte es kaum fassen — meine alte Flöte hatte mir geholfen, meine Gefühle auszudrücken. Seither ist sie meine Gefährtin, und zwar nicht nur, wenn ich mich schlecht fühle. Solange ich spielen kann, habe ich immer eine Gefährtin bei mir.“* Diese Frau konnte offensichtlich auf etwas zurückgreifen, das sie schon in früheren Zeiten getröstet hatte: Irgendwann mußte sie die Erfahrung gemacht haben, daß die Klänge der Flöte sie trösten und beruhigen. Eine wesentliche Funktion der Übergangsobjekte, die in ihrer Situation geradezu überlebenswichtig wurde.

Wichtig ist allerdings auch die Integration des im Übergangsraum Erlebten, gerade wenn wir an die Engel denken. Um zu einer produktiven und kreativen Erfahrung zu werden, muß das Erlebte angeeignet und reflektiert werden. Erst dann kann sich das Selbst weiterentwickeln und den in der persönlichen Entwicklung anstehenden Schritt gehen. Das kleine Kind kann noch nicht über das reflektieren, was es gerade als Übergangsobjekt geschaffen hat. Solche kreativen Äußerungen beginnen schon mit dem Lallen des Babys, das damit den mütterlichen Singsang ihrer beruhigenden Worte nachvollzieht. Später kommt es zu den ersten selbstvergessenen Kritzeleien, die in der Abwesenheit der Eltern oder der Geschwister entstehen und diese Abwesenheit kompensieren soll. Im Grundschulalter werden dann Texte ins Poesiealbum geschrieben, und später schreiben manche Jugendliche eigene Gedichte: Diese Gedichte bilden auf einer schon reflektierteren Ebene einen Beistand, ein Gegenüber für eine erlebte Abwesenheit, etwa bei Liebeskummer. Beim Erwachsenen mündet dieses kreative Schaffen auf einer dem Lebensalter entsprechenden Ebene: Er wendet sich dann der Kultur und Religion zu.

Übergangsobjekte dienen nicht nur als Objekte, sie verweisen nicht nur auf einen Bezugspunkt, sie vergegenwärtigen und sind gegenwärtig. Deswegen kann man sie als Äußerungen seelischer Prozesse verstehen. Man kann durch sie etwas über den Menschen erfahren, wie er sich fühlt, was er braucht, wonach er sich sehnt. Sie erschließen Identitätsentwürfe und Identifikationen oder wichtige persönliche Motive und Bewältigungsversuche. Übergangsobjekte helfen dabei, die unterschiedlichsten, auch negativen Erfahrungen in die eigene Persönlichkeit zu integrieren, und bewirken, daß die eigene Identität auch in Zeiten größerer Herausforderungen und Konflikte stabil bleibt. Ihre wesentlichen Merkmale:

1. Sie werden als zur eigenen Person gehörig erlebt und sind deswegen nicht beliebig austauschbar.
2. Sie werden zärtlich geliebt, aber auch malträtiert. Wichtig ist, daß sie alle Behandlungen überleben.
3. Sie machen weder Ansprüche geltend, noch machen sie Vorwürfe.
4. Sie sind besitz- und kontrollierbar.
5. Sie bestehen fort, ob sie benutzt werden oder nicht, somit weisen sie über das Individuum hinaus.

Einige dieser Eigenschaften weisen dann auch die Engel auf, auch sie werden zärtlich geliebt und wieder weggeschickt, sie werden als zu eigenen Person zugehörig empfunden und weisen doch — wenn auch auf andere Weise — über sie hinaus. Sie sind allerdings nicht besitz- und kontrollierbar.

■ ■ ■

Vom Zauber des dritten Raumes

Von Übergangsobjekten geht eine eigenartige Faszination aus. Wären sie lediglich die Brücke zwischen Mutter und Kind, so hätte man ihnen wahrscheinlich nicht soviel Aufmerksamkeit gezollt. Der Zauber liegt wohl darin, daß sie für ganz unterschiedliche Assoziationen offen sind. Diese Offenheit lädt geradezu dazu ein, alles mögliche zum Übergangsobjekt werden zu lassen in diesem „dritten Raum". Es ist ein Phantasieraum, der den Menschen zum Schöpfer macht, zu immer neuen Beseelungen anregt und in immer neuen Animationen, dem Leben Sinn gibt. Übergangserscheinungen sind – so Winnicott – universell. Ihre zentrale Botschaft lautet genauso wie die der Engel: Du bist nicht allein. Jemand ist für dich da.

Übergangsobjekte helfen den Menschen, in der Trennung zu leben, die Abwesenheit geliebter Bezugspersonen auszuhalten, indem sie für eine Übergangzeit Ersatzwelten ermöglichen. Sie begleiten durch die Lebensjahre und werden weggelegt oder vergessen, wenn sie nicht mehr gebraucht werden. Mit dem Fortschreiten der Ich-Entwicklung verlieren sie ihre Bedeutung, verändern ihre Aufträge, weil sie in die Verfügbarkeit des Ich eingegangen sind. Sie lösen sich ab im je eigenen Entwicklungstempo. Aber sie kommen nicht völlig abhanden. Ihr Beitrag zur Selbstwerdung wird bei erwachsenen Menschen von kulturellen oder religiösen Vorstellungen und Werten übernommen. Der Bezug zur Welt als solcher gerät in den Blick, der sich in der Liebe zur Natur, im Erleben großartiger Musik, Malerei, Dichtung oder in Momenten inniger Liebe ausdrücken kann. Dies alles ist ein Ausdruck dafür, daß wir dem Verschwundenen nachhängen – man denke nur an unsere geliebten Puppen, mit denen wir in verwandelter, verfeinerter Form stets irgendwie verbunden bleiben.

Ähnliches gilt auch für die Engel. Auch sie kommen und gehen, werden verbraucht, wandeln ihre Aufträge und Bedeutungen. Für viele sind sie wie ein heiliger Besitz, dem sie in subtiler Weise stets irgendwie verbunden bleiben. Wovor die Engel bewahren, wird ihnen also auch selbst zum Schicksal. Sie verschwinden, wenn Menschen sich selbst an die Hand nehmen können. Sie tauchen auf, wenn Menschen stützende Beistände brauchen – vor allem in Übergangszeiten, an Lebensschwellen, bei Veränderungen, bei Wachstumskrisen und Lebensumstellungen. Wenn Sicherheiten brüchig werden, wenn der Zusammenhalt unseres Selbst gefährdet ist, werden die Engel wieder aus der Erinnerung hervorgeholt. Sie tauchen aus dem Schatten auf, in den wir sie verwiesen haben, und begleiten uns, solange wir sie brauchen, um dann wieder zu gehen. Wir können sie lassen, weil sie im Hintergrund da sind. Eine Präsenz, die auf uns zukommt und eine gemeinsame Zielrichtung mit uns und unseren Bedürfnissen annimmt, ohne daß wir sie einfordern oder verdienen müssen. Eine Frau sagte einmal zu mir: „Sie fallen uns vor die Füße. Wir müssen sie nur bemerken und aufheben."

Diese Feststellung kann ein junges Paar bestätigen:

Auf einem ihrer Spaziergänge rutschte ihm beim Blumenpflücken der Verlobungsring vom Finger. Als das Paar nach einem Jahr (wohlgemerkt) wieder an dieser Stelle vorbeikam, funkelte plötzlich etwas auf einer Königskerze: der vermißte Verlobungsring! „Welche Kräfte waren da am Werk?" fragten sie. Diese Frage war eine Herausforderung. Ich habe rasch überlegt und gesagt: „Es liegt an euch, diesem Glück einen Sinn zu geben durch das, was ihr aus eurem Leben machen werdet." Wenig später heirateten sie.

Kindern gelingt es viel leichter, „die Engel aufzuheben", als Erwachsenen. Für sie ist es völlig normal, von ihren Engeln und ihren Engelbesuchen zu sprechen. Auch wenn viele vor dem Einschlafen eher an ihren Tamagotchi oder einen anderen elektronischen Spielkameraden denken als an ihre Engel, so wachen doch manche mit dem Gefühl auf, von Engeln beschützt worden zu sein. Meistens vergessen sie sie im Laufe des Tages wieder, aber wenn man sich mit Kindern über Engel unterhält, so kann man einiges erfahren. Im folgenden Kapitel sollen die Kinder zu Wort kommen.

Wie Kinder Schutzengel erleben

Kinder gehen unbefangener mit ihren Engeln um, als Erwachsene es tun. Sie haben keine Vorbehalte und Vorurteile und können ohne Scheu über ihre Engelbegegnungen sprechen. Ihre seelischen Antennen für Engelerfahrungen sind noch empfangsbereiter und offener als die der Erwachsenen. Vielleicht verstehen Kinder die Engel besser als wir, weil sie, wie ein Kind einmal treffend sagte: „... noch nicht so lange auf der Erde sind und Gott noch nicht vergessen haben." Oder wie ein älterer Herr meinte: „... noch unschuldiger und unwissender sind." Wenn man bedenkt, was Kindern alles passieren kann, kann man auch sagen: Kinder brauchen Schutzengel. Mehr noch als die Erwachsenen brauchen sie Geländer, die der Zerbrechlichkeit ihres Selbst Halt geben. Davon wissen auch die bekannten Schutzengeldarstellungen, die zeigen, wie ein Engel ein Kind über eine unsichere Brücke führt, die eine Schlucht überspannt.

Kleine Kinder sprechen noch mit ihren „Spielgefährten" und sind sich dessen ganz bewußt. Erst wenn die Eltern ihnen vermitteln: „Du gehst nun zur Schule, jetzt macht man solche kindischen Spiele nicht mehr", vergessen die Kinder, daß sie „Spielgefährten" haben. Die Sterbeforscherin Elisabeth Kübler-Ross, die sich bei ihren Engelaussagen auf die Beobachtungen mit Sterbenden stützt, erlebte immer wieder, daß viele, die an der „Schwelle" angelangt waren, jenen Freund aus Kindertagen wiederfanden, wiedererkannten und sich voller Vertrauen unter seinen Schutz begaben. Ihrer Meinung nach erhält jeder Mensch solche Begleiter als Geschenk, ob er daran glaubt oder nicht.

Für mich besteht ein enger Zusammenhang zwischen den wichtigen Entwicklungsschritten des Kindes, seiner von Geburt an mitgebrachten Resonanzfähigkeit und dem Eindringen religiöser und kultureller Engelvorstellungen, mit denen es aktiv gestaltend umgehen kann. Wenn Kinder über Engel reden, muß man sich zunächst einmal klarmachen, daß sie verschiedene Entwicklungsstufen durchlaufen. In frühen Phasen fehlen ihnen einfach die Worte, um ihre Erlebnisse wiederzugeben. Ein einjähriges Kind wird wohl kaum von Engeln sprechen, während Kinder zwischen vier und acht Jahren spontan von solchen Begegnungen berichten, selbst Kinder, deren Eltern nie über Engel sprachen. In Familien, in denen die Eltern für religiöse Fragen offen und Gesprächspartner und Beistand ihrer Kinder sind, gehören die Engel wie selbstverständlich zum Alltag der Kinder. „Ich brauche meinen Engel zum Einschlafen", sagt die fünfjährige Vanessa, deren Engel den Namen „Olli" trägt. „Wenn niemand zu Hause auf mich wartet, dann rede ich mit Olli … Aber besonders wichtig ist er, wenn ich einsam bin und niemanden zum Reden habe." Vanessa drückt stellvertretend für viele Gleichaltrige aus, wie der Engel die Rolle eines imaginären Dialogpartners übernimmt, der nicht selten mit der Funktion des Trostes und der Überbrückung von Einsamkeit versehen wird und eine eigene Identität erhält. Helene (sechs Jahre) bekam von ihrer Mutter einen Armreif mit einem kleinen Engel als Anhänger daran. „Ich gucke immer auf meinen Armreif, ob ich ihn noch habe … vor allem wenn der kleine Engel so schön am Arm klimpert, dann ist das wie ein Trost." Für Helene ist der kleine Engelanhänger ein Symbol der Zugehörigkeit, sie fühlt sich durch ihn mit „dem Himmel" und ihrer Mutter verbunden und kann deswegen, wie sie sagt, „gut allein sein".

Die Faszination, die Engel auf Kinder ausüben, hängt sicher auch damit zusammen, daß Kinder die Welt noch als Wunderwerk sehen, sie können staunen und Dinge einfach annehmen, ohne sie kritisch zu hinterfragen. Kinder denken nicht logisch über Engel nach, und sie zweifeln auch nicht an ihrer Existenz. So wie sie sich mit Pflanzen, Bäumen und unsichtbaren Wesen oder Feen unterhalten können, erlaubt ihnen ihre vielschichtige, unverschleierte Phantasie- und Vorstellungskraft, die noch nicht streng zwischen Realität und Wachtraum unterscheidet, einen lebendigen, unverstellten Umgang mit den Engeln. Natürlich gibt es Kinder, die sich mehr zu den Engeln hingezogen fühlen als andere. Wie Vanessa erschaffen sie sich ihre eigenen Schutzengel, die ihnen helfen, Ängste zu überwinden, und ihnen ein Gefühl von Sicherheit vermitteln in einer Welt, die ihnen manchmal unverständlich und unheimlich vorkommt. Viele Kinder haben ihre „weltlichen Engel", die nicht nach oben auf Gott verweisen, sondern auf die Menschen. Sie nennen sie ihre „unsichtbaren Freunde", die nicht nur eigene Namen bekommen, sondern auch beschrieben werden als „die weiße Frau, die nachts zu mir ins Zimmer schaut". Ein sechsjähriges Mädchen aus meiner Praxis sprach von ihrem „Peter" – ihrem unsichtbaren Freund, den sie immer, wenn sie nicht weiterwußte oder wenn sie sich schlecht behandelt fühlte, um Rat bat. Manchmal, so erzählte sie verschmitzt, erlaubte er ihr auch, ihre Hausaufgaben zu verschieben, um ein bißchen fernzusehen, obwohl ihre Eltern nicht sehr begeistert davon waren. Untersuchungen haben gezeigt, daß man bei etwa 65 % der Kinder solche Phantasiegefährten finden kann. Im Vergleich zu Altersgenossen ohne Phantasiegefährten waren sie weniger aggressiv, kooperativer und zufriedener (Singer).

Wenn Kinder Engel beschreiben, so ist der gemeinsame Nenner ein Gefühl von Geborgenheit, Trost und Zuversicht. Sie haben einfach gute, angenehme Gefühle, die manchmal mit einer Empfindung von Wärme, Licht oder einem Schwebegefühl verbunden sind. Engel geben ihnen Vertrautheit und Halt, sie geben Mittel an die Hand, um Erfahrungen zu bestehen und zu bewältigen. Kurzum: Engel sind Behälter für Gefühle, sie beschwichtigen Ängste und reduzieren Konflikte. Da Kinder den Umgang mit ihren Engeln selbst gestalten können, haben sie ein selbstbestimmtes Mittel an der Hand, ihre innere und äußere Wirklichkeit zu gestalten. Engel sind für Kinder wie Geländer oder Stützen, die Halt bieten. Manche Engel begleiten das Kind über eine längere Zeit, andere werden zurückgelassen, vergessen oder ausgetauscht. Im Umgang mit Engeln sind Kinder nicht unmündig, passiv oder gar Opfer. Sie sind Gestalter, Regisseure, Zauberer. Sie sind Subjekte. Die im folgenden genannten Beispiele für das Engelerleben von Kindern stammen aus einer Hamburger Umfrage bei Schulkindern im Alter zwischen sieben und elf Jahren (Zeit Magazin, 24. 12. 1993).

„Ich habe noch nie einen Engel gesehen, obwohl ich gerne einmal einen sehen würde. Ich stelle mir Engel sehr liebevoll vor." (Désirée)
Désirée trägt in sich ein bestimmtes emotional-getöntes Bild vom guten Engel. Engel sind für sie die Verkörperung von liebevollen Erfahrungen. Bei ihr schwingt das Paradox der Engelerfahrung mit, nämlich daß man sie erfassen und gleichzeitig nicht erfassen kann. Oder anders gesagt: Désirée erschafft sich den Engel, aber er war bereits als Symbol vorher da, um von ihr gestaltet und besetzt zu werden. Sie erschafft sich auf imaginärem Wege die Anwesenheit eines liebevollen Engels und kann sich dadurch selbst geliebt fühlen.

„Wenn mein Schutzengel bei mir ist, dann schaffe ich alles. Ich bin stark mit meinem Schutzengel. Mit meinem Schutzengel habe ich Mut." (Cord)
Hier wird besonders deutlich, wie Kinder sich ihrer Stärke und ihres Selbstseins vergewissern, indem sie sich von einem Engel begleitet wissen. Für Cord verkörpert der Engel eine tragende, verinnerlichte Schutzsymbolik, die ihm die Sicherheit und Kraft gibt, sich den Aufgaben des Lebens zu stellen. Sein Engel besitzt also eher handlungsbezogene Eigenschaften. Der äußere Halt, den Cord durch seinen Schutzengel gewinnt, ist auch wichtig für sein inneres Wachstum. Was er durch seinen Schutzengel erlebt, ist auch ein anderer Ausdruck für das Muster der Gelassenheit: sich tragen lassen.

„Es gibt verschiedene Engel, zum Beispiel Schutzengel oder Liebesengel. Der Schutzengel hat die meiste Arbeit: Er muß auf Kinder und auf die Erwachsenen, die manchmal ganz blind über die Straße laufen, aufpassen. Was die wichtigste Aufgabe eines

Engels ist, ist das Himmelreich sauber und ordentlich zu halten." (Anna-Christin)

Anna-Christin spricht von den verschiedenen Aufträgen, die Engel haben können. Für sie sind Ordnung, Sicherheit, Verläßlichkeit und Sauberkeit wichtige Werte, die sie an ihre Engel delegiert. Die Rede von den Engeln als Polizisten und Putzfrauen ist wohl eine Umschreibung dafür, daß sie so etwas wie eine tragende Ordnung in ihrem Selbst- und Lebenskonzept braucht.

„Beim Menschen sitzt auf der einen Schulter ein Engel und auf der anderen Seite ein Teufel. Der Engel sagt dem Menschen, was er Gutes tun soll, und der Teufel will ihn zu bösen Dingen verführen." (Jan)

Im Mittelalter gab es die Vorstellung, daß jeder Mensch von einem Engel und einem bösen Geist begleitet sei und daß beide darum kämpfen, wer die Herrschaft über den Menschen gewinnt. Bei Jan übernehmen der Engel und der Teufel sozusagen die Stimme des Gewissens oder die innere Stimme. Wichtig für ihn ist nicht so sehr, wie seine Engel aussehen, sondern das, was diese Stimmen ihm mitteilen. Sein Engel wacht nicht nur über sein Leben, sondern auch über seine Seele und seinen Geist. Darin könnte sich der Wunsch nach Ganzheit und Harmonie ausdrücken oder vielleicht auch die Sehnsucht nach Entlastung von Gewissensdruck.

„Er hilft den Menschen, und wenn die Menschen nachdenken, dann erscheint der Engel. Der Engel sagt immer was Gutes, und er ist ein guter Geist. Und er ist weiß, und er macht sich nicht schmutzig. Und der Engel ist hundert Jahre oder mehr. Er wirft den Schnee vom Himmel. Wenn ein Mensch stirbt, dann stirbt auch der Engel von dem Menschen." (Stefanie)

Diese Welt, in der innen und außen sich miteinander verschränken, ist auch Stefanies Engelwelt. Hinzu kommt der traditionelle Glaube, daß jeder einen ganz persönlichen Schutzengel hat, der ihn durch das Leben begleitet. Hier klingt etwas an, was Winnicott über die Übergangsobjekte als „Besitz" sagte. Für Stefanie ist ihr Engel wie ein „Besitz", den sie hat. Ihr Engel ist alt und mächtig, er kann sogar „den Schnee vom Himmel werfen". Mit diesen Worten deutet sich auch der göttliche Verweisungscharakter der Engel an.

„Und eines noch ist wichtig, nämlich Engel haben keine Schuhe an, sie laufen barfuß." (Frederike)
Frederike weist auf eine Engelqualität hin, die auch bei Erwachsenen immer wieder zur Sprache kommt: Engel kommen auf leisen Sohlen. Vielleicht lebt in dieser Metapher vom „Barfußgehen" eine Sehnsucht nach friedlichen und friedvollen Werten wie Sanftmut, Schlichtheit, Frieden. Oder nach einem Stückchen guter Mutter Erde? Vielleicht hat Frederike begriffen, daß man die Engel mit lauten Tönen vertreibt. Dahinter steckt oft die Ahnung oder das Gefühl, daß Engel schweigend verstehen, da sie ja genausoviel wissen, wie man selbst – es handelt sich mit anderen Worten um einen intimen Dialog.

„Der Engel ist ein guter Mensch. Ich stelle mir vor, daß er immer redet. Ich stelle mir Engel mit einer Harfe oder anderen Instrumenten vor. Es gibt auch Engel, die im Chor singen." (Felipe)
Felipe geht es nicht nur um die Sehnsucht nach Wärme und Menschlichkeit, sondern auch um den Wunsch nach Angesprochen- und Gemeintsein. Deutlich wird hier, daß die Engel auch unterhalb der Sprachebene angesiedelt sind. Die Engel stellt er zu Recht als Musizierende vor – sie klingen nur, sie hören nicht. Sie spielen uns sozusagen zu, damit wir sie hören. Wären sie selbst Hörende, so glichen sie uns Menschen. Felipe sieht die Engel im Chor singen: Hier ist die Isolation des einzelnen in einer Art „Chorgemeinschaft" aufgehoben, Felipe hat ein Bewußtsein von Verbundenheit entwickelt. Er betont die inspirierende Wirkung, die Engel auf uns ausüben, vielleicht spürt er intuitiv, daß Klänge, Rhythmen und Harmonien die Eigenschaft haben, Kräfte in uns freizusetzen. Felipe scheint eine besondere Ansprechbarkeit für Klänge zu haben, die nach spontanem

Ausdruck verlangen. Jedenfalls deutet er an, wie Engel und Instrumente als Brücken nach oben unsere Seele in Schwingung versetzen können.

„Ein Engel hat Flügel und einen Kreis oben auf dem Kopf und ein blaues Auge und Nike Air Schuhe. Er hat rote Lippen, er hat geknutscht." (René)
Auch Engel sind den Kräften von Moden und Meinungen, von Zeitgeist und Zeit unterworfen. Die Stationen, die René beschreibt, markieren eine Denkbewegung: Es muß etwas objektiv Faßbares da sein, von dem ein gewisser Reiz ausgeht, der die Phantasie von René anlockt. Dem modischen Engel muß sich eine belebende Kraft zugesellen, die René mit den „knutschenden Lippen" ausdrückt, damit sein Engel für ihn lebendig und faßbar wird. Der Kuß holt seinen Engel in die Welt. Interessant scheint mir, daß sein Engel für ihn ein geschlechtliches männliches Wesen ist. Ein Wesen, das als „Junge dem Jungen" erscheint. Darin zeigt sich deutlich das Botenamt der Engel.

Der Wunsch nach einem zusammenfassenden Satz läßt mich an einen kindlichen Ausspruch denken: „Ich weiß jetzt, die Engel sind gar nicht weiß." Dieses Kind hat nicht gesagt, daß es die Engel gesehen hat, sondern zum Ausdruck gebracht: Die Engel sehen mir ähnlich. Sie sind keine von uns getrennten Wesen, sondern Teile von uns, die uns bis jetzt unbewußt waren. Eine Beobachtung, die deutlich macht, mit welchem Ernst sich Kinder über die Engel Gedanken machen und wieviel sie auf ihre Weise davon verstehen.

Innere Beistände bei Jugendlichen

Wenn Kinder einmal zehn bis zwölf Jahre alt sind, rücken die Engel in den Hintergrund. Nun werden die gleichaltrigen Freunde, die Interessen, der Sport und andere Beschäftigungen wichtiger. Die Unbefangenheit, mit der Kinder über ihre Engel sprechen, verliert sich bei Jugendlichen zusehends. Bei der Befragung von Jugendlichen im Alter von zwölf bis achtzehn Jahren zum Thema „Schutzengel" mußte ich feststellen, daß viele der Befragten leicht irritiert, ironisch, spöttisch, verschämt, verlegen bis ablehnend reagierten. Ein Zusammenhang zwischen dieser Abwehrhaltung und den Entwicklungsaufgaben dieser Lebensphase könnte der Grund dafür sein.

Begreift man die Adoleszenz als Übergang von einer vertrauten Umwelt in eine auch qualitativ andere Umwelt, als Übergang von dem kindlichen Angewiesensein auf die Eltern hin zur Eigenständigkeit und Ablösung von den Eltern, so läßt sich vermuten, daß es hier wiederum besonders wichtig ist, daß bestimmte persönliche Objekte eine Überbrückungsfunktion übernehmen. Einige Jugendliche halten die Verbindung zu ihren alten vertrauten Übergangsobjekten aufrecht oder gestalten sie neu. Plötzlich werden die alten Kuscheltiere wieder hervorgekramt und bekommen einen Ehrenplatz. Andere suchen sich neue Objekte, die sich gegen die heimatlichen Versuchungen richten und auf Zukunft verweisende, Autonomie und Freiheit gewährende, neue Aspekte in den Vordergrund rücken. Dies zeigt das folgende Beispiel:

„Früher hab' ich an Engel und so ‚Zeug' geglaubt, heute erlebe ich die totale Freiheit, wenn ich mit meinem MTB (Mountain-Touring-Bike) unterwegs bin. Das ist absolut geil. Wenn ich mein MTB nicht hätte, würde mir total etwas fehlen."

Der Wunsch nach Unabhängigkeit und Abgrenzung, die Suche

81

nach eigenen von den Eltern losgelösten Werten führt zu eigenen Übergangsräumen, die in dieser Entwicklungsphase sich in zwei Richtungen erstrecken. Man möchte zur „Peer group" dazugehören und identifiziert sich stark mit der Gruppe der Altersgenossen, für die man auch bereit ist, selbst Opfer zu bringen, um dazuzugehören. Das bringt ja auch der Begriff „Jugendkultur" zum Ausdruck. Zur Jugendkultur gehören neben der Gruppenidentifikation auch die Verherrlichung und Anbetung von Idolen. Statt Engel verehrt man nun Schlager-, Kino-, Fernseh- oder Fußballstars.

„An Engel denkt man am ehesten, wenn das Moped eine Reifenpanne hat."

Das ist eine typische jugendliche Äußerung. Ich frage mich bei solche Äußerungen allerdings manchmal, weshalb müssen so viele Menschen für ihre durchaus irdischen Zwecke derart überirdische Wesen bemühen.

In dieser Lebensphase, wo es um die Bildung der geschlechtlichen Identität geht und darum, sozialen Erfolg zu haben und anerkannt zu sein, spielt die Frage nach der Existenz von Engeln eine sehr geringe Rolle. Anderes ist wichtiger. Und dennoch offenbart sich ein merkwürdiges Verhältnis zu ihnen. Denn im Alltag der Jugendlichen, in ihren Schlagern, ihrem Schmuck, ihren Gruppennamen wie z. B. „hell's angels" tauchen „Engel" überall auf, aber nur wenige glauben, daß es sie gibt.

Wofür stehen Engel aus jugendlicher Sicht? Das Ergebnis meiner Gespräche kann man mit einem Satz zusammenfassen: Der Glaube an Engel als transzendente Wesen scheint weitgehend verlorengegangen zu sein, geblieben ist aber, was sie symbolisieren:

„Engel, das ist halt ein Symbol, das was Bestimmtes ausdrücken soll, weil man irgendwie nicht kapieren kann, daß Gott überall gleichzeitig sein kann. Dann sind halt die Schutzengel für ihn eingesprungen."

Bei manchen scheint doch noch ein Gefühl dafür vorhanden zu sein, worauf die Engel als Symbolfiguren verweisen, was diese Äußerung zeigt:

„Früher hatte der Engel für die Menschen vielleicht so 'ne Schutzfunktion, weil sie

sich die Erfahrungen, die sie machten, nicht rational erklären konnten. Irgendwie brauchten sie halt den Engel, weil sie sich nicht getraut haben, das als direkt göttlich zu sehen."

"Meistens denke ich, das mit den Engeln ist doch alles Quatsch. Aber manchmal könnte ich mir auch vorstellen, daß es so was gibt. Vielleicht stimmt ja beides." Dies sagt eine siebzehnjährige Gymnasiastin, die damit deutlich ihre Ambivalenz zwischen einer Haltung der Annahme und der Ablehnung ausdrückt. Auch wenn ihre Aussage recht „schwarzweiß" ausfällt, so deutet sie doch auf ein wichtiges Paradoxon von Engelerfahrungen hin – wir können sie erfassen und gleichzeitig nicht erfassen.

"Also für mich sind Engel wie Gänse."

Dieses Statement eines Fünfzehnjährigen sollte zwar als Witz gemeint sein. Doch im Gespräch mit diesem Jungen wurde mir deutlich, daß sich dahinter mehr verbirgt. Er kam sich ziemlich allein gelassen vor und wünschte sich jemanden, der hinter ihm stand. Als ich ihm sagte, daß die Gänse hintereinander hergehen, dämmerte es ihm: „Das ist es ja eigentlich, was ich bräuchte – jemand, der ab und zu wenigstens mal hinter mir herschaut. Bei mir kümmert sich doch kein Schwein."

Bei der Frage nach Schutzengeln in dieser Lebenssituation fällt auf, daß sie ähnlich beschrieben werden wie jeweils gegenwärtig greifbare positive Bezugspersonen: Das kann eine Freundin sein oder ein Freund, die Gruppe Gleichaltriger oder auch eine ältere Person. Gerade in dieser Zeit ist man dazu gezwungen, seinen eigenen Ort in der Welt neu zu finden, seine Beziehungen neu zu gestalten. In solchen Zeiten tiefgreifender Veränderungen sind verläßliche „Beistände" sehr notwendig. Das sind meistens bestimmte Personen, deren einfaches Dasein schon hilft, die eigene Identität zu stärken.

"Engel sind eben Menschen." Diese Aussage eines Jugendlichen deutet wohl darauf hin, daß Beziehungen in dieser Zeit überlebensnotwendig sind. Erfahrungen, die Menschen früher als das Eingreifen von „oben" deuteten, werden nicht mehr vom Himmel her erfahren und erhofft, sondern indirekt von Engeln in Freundesgestalt. „Für mich ist meine Freundin mein Engel, weil sie mir wirklich manchmal wie ein Engel vorkommt."

„Engel haben keine Flügel", diese Aussage einer Sechzehnjährigen, weist in eine ähnliche Richtung. Gerade in dieser Zeit der Unsicherheit ist es notwendig, mit beiden Beinen auf der Erde zu stehen und sich dessen immer wieder zu vergewissern. In einer Zeit emotionaler Instabilität ist es wichtig, neue Stabilität zu gewinnen und Neues in die eigene Persönlichkeit zu integrieren. In dieser Zeit treten die bei Kindern noch hervorgehobenen emotionalen Engelqualitäten nun zurück. Die Perspektive hat sich geändert, deswegen werden andere Qualitäten wichtig.

„Wenn ich allein bin, dann rede ich manchmal so mit einem höheren Wesen. Dann geht's mir wieder besser." Daß derartige positive Beziehungserfahrungen möglich sind, wie es die siebzehnjährige Claudine hier beschreibt, hat nicht nur mit dem Bedürfnis nach Verständnis, sondern auch mit verinnerlichten, guten Beziehungserfahrungen zu tun. Ihre Aussage läßt anklingen, daß dieses Sich-Anvertrauen nicht nur ein Aussprechen und Sich-Entlasten ist, sondern auch, die eigenen Empfindungen zu durchdenken und zu klären. Das erwähnte Sprechen ist eine Form des privaten Sprechens, das bei Jugendlichen besonders dann auftritt, wenn sie auf Probleme und Konflikte stoßen, die neuer Lösungen bedürfen. Viele schreiben in dieser Zeit ein Tagebuch oder führen wie Claudine lange innere Gespräche. Taucht eine umfassende Krise auf, dann greifen auch Jugendliche auf Engel oder höhere Wesen zurück. Denn Engeln werden dann personenähnliche Fähigkeiten zugesprochen. Sie nehmen dann folgende Funktionen ein:
— die des Vertrauten, dem man sich anvertrauen kann, der einen kennt und deshalb versteht;
— die des inneren Beistands, der einen unterstützt;
— die des Begleiters, der einen nicht allein läßt.

In den Äußerungen und Umschreibungen, die Jugendlichen beim Thema Engel nennen, tauchen am häufigsten solche Eigenschaften auf: „Mir zuhören", „Mich ernst nehmen", „Mich verstehen", „Mich aufbauen", „Freundlich", „Gut drauf". Es ist auffallend, daß die Engel auf diese Weise mit Qualitäten versehen werden, die man als Eigenschaften guter Eltern oder guter Beistände bezeichnen könnte. Was junge Menschen in dieser Zeit von ihren Engeln und von ihren Eltern brauchen, ist ebenfalls Entlastung, Verständnis, Einfühlung, Wertschätzung, Akzeptanz, Ermutigung und sicher auch Humor.

Menschen brauchen Brücken

Ein kleines Kind erwacht mitten in der Nacht und findet sich umgeben von Dunkelheit und unheimlicher Stille. Nichts scheint ihm mehr vertraut. Es ist wie das Herausfallen aus allem bisher Bekannten. Namenlose Angst steigt in ihm auf, es fühlt sich hilflos, desorientiert und wie ausgesetzt in einer nicht geheuren Lage. Es gerät in Panik und schreit nach der Mutter. Die Mutter nimmt das weinende Kind auf den Arm und versichert ihm, es sei alles wieder gut. „Du brauchst keine Angst zu haben, ich bin bei dir, dir kann nichts geschehen." Sie setzt sich noch ein bißchen an sein Bett, streichelt sein Haar und summt ein paar beruhigende Melodien. Getröstet und zufrieden schläft das Kind wieder ein.

Diese Schilderung führt unmittelbar in den Kern des Spannungsfeldes zwischen Schutzbedürftigkeit und Gehaltensein einerseits und Angst und Bedrohung andererseits. In diesem Übergangsbereich liegt der Ort der Schutzengel. Jeder kennt Szenen aus seinem Leben, die Anklänge und Erinnerungen an die geschilderte Szene wachrufen. Das geschieht nicht nur in der Erinnerung an die Kindheit, sondern auch in Erfahrungen, die wir als Erwachsene tagtäglich machen. Sie entstehen immer dann, wenn wir uns mit den Fährnissen, die das Leben ständig bereithält, auseinandersetzen und uns dann an schützende, bewahrende Erfahrungen erinnern. Jeder, der in seinem Leben irgendwie unversehrt oder heil davongekommen ist, konnte dies nur, weil im richtigen Augenblick eine helfende Hand da war, weil wachsame Augen, aufmerksame Ohren oder ein offenes Herz uns begleitet haben. Wir mögen uns noch so abgesichert haben, wir mögen uns abgeschottet haben hinter dicken Mauern, wir mögen alles unter Kontrolle haben, wir mögen uns Festungen errichtet haben, die uns schützen sollen. Unversehens tun sich Risse auf, Hoffnungen werden enttäuscht, Gewißheiten werden brüchig, man gerät auf Abwege oder zuweilen in Abgründe. Ohne den Zuspruch und die tragende Gewißheit, daß irgendwann Hilfe kommen wird, ohne den Zufluß von Bestätigungen, die uns unser Leben versprechen, können wir uns weder seelisch noch körperlich am Leben erhalten. Mit reicher Evidenz haben Kinderpsychologen (Spitz) die These untermauert, daß Menschen, die von allen lebensspendenden Versprechungen abgeschnitten werden, innerhalb von wenigen Tagen an einem psychogenen Tod sterben. In der Tat sind wir wohl alle „Überlebende", angewiesen auf die Wiedergewinnung eines gewissen Halts, auf die Kraft der Hoffnung, daß Hilfe kommen wird. Dieses Angewiesensein ist der Raum, in dem wir die Schutzengel als etwas erfahren, was „anwesend" sein kann, durch das wir gehalten werden können. Die Publizistin und Meinungsforscherin Elisabeth Noelle-Neumann beschreibt das anschaulich in ihren Kindheitserinnerungen:

„Mitten in der Nacht wachte ich auf. Das Schlafzimmer war hell erleuchtet. Links, nach Osten, war das große Fenster, von weißen gerafften Gardinen umrahmt, draußen in der Nacht lag der große Garten. In der Mitte eine Deckenlampe, mit weißem Stoff sanft verkleidet, aber das war nicht die Lichtquelle. Das Zimmer war einfach als ganzes hell ... Das Zimmer war hell, aber niemand war zu sehen. Fünf Jahre war ich alt. Aus irgendeinem Grund hat sich das mir eingeprägt ... Am nächsten Morgen fing ich an zu fragen. Zuerst meine Mutter: Warst du in der Nacht in meinem Zimmer? – Ich? – Wieso? ... Als ich alle gefragt hatte und niemand nachts in meinem Zimmer gewesen war, da sagte ich mir: Dann müssen es die Engel gewesen sein. Das war das Geheimnis. Von nun an behielt ich es bei mir – und bis heute ist es Geheimnis geblieben. Nie habe ich es vergessen, immer daran gedacht. Welch ein Trost."

Für das kleine Kind ist es die Mutter, die wie ein rettender Engel auftritt. Wenn sie verspricht, daß alles wieder gut wird, so verspricht sie zwar mehr, als sie einhalten kann, aber würde sie es nicht versprechen, würde ihr Kind womöglich in Haltlosigkeit versinken. Sie vermittelt dem Kind eine Haltung, die vielleicht viel wichtiger ist als ein präzis formuliertes Versprechen. Sie vermittelt Vertrauen, Glauben und Halt. Sie gibt Trost, der über sie und ihr Kind hinausreicht, weil sie etwas über die umfassende Ordnung dieser Welt aussagt. Hätte sie ihrem Kind lediglich gesagt: „Du hast nur schlecht geträumt" oder „Das kriegen wir schon hin", hätte sie vielleicht die äußere Sicherheit wiederhergestellt. Sie hätte die Situation irgendwie unter Kontrolle gebracht. Aber ihr Versprechen war an den inneren Halt des Kindes gerichtet, an das Vertrauen, in das, was ist und was sein wird. Die Rolle der Mutter ist mehr als nur die der situativen Trösterin. Sie vermittelt dem Kind eine Erfahrung, einen Wink von einer anderen Seite, die für den Prozeß der Selbstwerdung grundlegend ist. Sie verweist auf eine größere transzendente Dimension, die dem Kind vermittelt: „Du kannst dem Leben vertrauen."

Spätere religiöse Erfahrungen und damit auch die Engelerfahrungen kann man als Spiegelungen kindlicher Erfahrungen von Halt, Schutz und Vertrauen in eine höhere Ordnung ansehen. Wichtig ist also nicht nur ein guter Anfang. Im Mittelpunkt unserer Selbstwerdung steht die immer wieder notwendige Erfahrung des Vertrauens in das Sein und Werden, die auf der mütterlichen bzw. elterlichen Geborgenheit beruht. Dies ist die Basis für sämtliche Transzendenzerfahrungen in den religiösen Raum hinein. Bei Kindern ist der Zusammenhalt des Selbst noch zerbrechlich und auf die Vergewisserung von außen angewiesen. Deswegen braucht ein kleines Kind eine tragfähige Brücke zur Mutter. Eine Brücke zwischen seiner Seele und ihrer, eine Brücke, die es ermöglicht, sich in einer Welt, die bedroht ist von Alleinsein, Verlassenwerden, Angst, Hunger, Feindseligkeit oder Kälte etwas weniger furchtsam zu bewegen. Um mit der Trennung von der Mutter fertig zu werden, um ein Gefühl für das Kommen und Gehen der Mutter zu bekommen, um die Enttäuschung des Alleinseins, Getrenntseins zu mildern und erträglicher zu machen, braucht es Tröster. Und diese Tröster findet es auf vielfältige Weise, wie ich anhand der Übergangsobjekte schon gezeigt habe: in einem kleinen Stofftier, in einem Schmusetuch, im Schnuller.

Und die Erwachsenen? Ist es kindlich oder gar kindisch, wenn auch sie solcher Brücken bedürfen, um sich mit etwas zu verbinden, das man als das Größere, das Allerletzte oder Gott bezeichnen kann? Keineswegs. Eine gesunde integrierte Persönlichkeit bedarf zu ihrem Aufbau, die ein fortlaufender Lebensprozeß ist, der festen Verankerung in einem „Bewußtseinszimmer", wie Nietzsche es nennt. Nur auf der Grundlage von Sicherheit und Vertrauen kann sich auch der erwachsene Mensch den bedrohlichen und bodenlosen Dimensionen seiner Existenz stellen, ohne in lähmender Angst den Zusammenhalt der Seele zu verlieren oder in Hilflosigkeit zu verfallen. Menschen sind darauf angewiesen, sich zu vergewissern, daß sie nicht allein sind, daß sie etwas haben, worauf ihr Leben stehen kann. Menschen brauchen Brückenschläge angesichts der unendlichen Weiten des Weltraums. Der Psychotherapeut Hilarion Petzold spricht in diesem Zusammenhang vom „vertikalen Sinn". Zwar sind wir nicht mehr wie die Kinder auf den Zuspruch der Mutter, dafür aber auf „haltende" Kräfte oder Beistände angewiesen, die uns auf Größeres verweisen. Besonders notwendig werden sie in Zeiten, wo die Brüchigkeit der Welt offen zutage tritt, in Krisenzeiten oder bei Schicksalsschlägen. Zur menschlichen Existenz gehören unabdingbar Rückbezüge auf Quellen von Schutz, Geborgenheit und Sicherheit, um überleben zu können in einer letztlich unberechenbaren Welt, die uns immer wieder Risiken aussetzt. In einer Welt, in der alles, was ist, auch anders sein könnte, brauchen Menschen Sinnvolles, Heimisches, Haltgebendes, Symbolisierungen, „Notwendigkeiten", die eine die Wirklichkeit übersteigende Dimension besitzen. So wie Kinder sich in immer wieder unterschiedlichen Spielarten die innige Verbundenheit mit der Mutter erschließen müssen, so brauchen auch Erwachsene Garanten von Schutz, Geborgenheit und Zusammenhalt. Von hier aus überrascht es nicht, daß die Geschichte von Menschen immer auch eine Geschichte von verschiedenen Varianten der Haltsuche, des Standhaltens, des Aushaltens, des Zusammenhalts, des Durchhaltens ist. Von den Wüstenheiligen bis zu den coolen Großstadtyuppies – immer geht es fundamental darum, wie Menschen sich gegen ein heil- und haltlose Welt, in der sie sich ungetragen, verlassen, vergessen oder verzweifelt erleben, durch einen Halt im Glauben an Göttliches, Engel, Kunst, Askese, Genuß oder Sucht ihre Welt stabilisieren.

In Krisen- und Grenzsituationen, also da, wo die eigene Anstrengung endet und wo es um die zentralen menschlichen Fragen geht, da werden die Engel relevant. Letztlich immer dort, wo Menschen sich allein oder allein gelassen fühlen. In diesen Momenten wird dem Menschen begreiflich, wie seine individuellen Lebensbemühungen auf Schutz, Resonanz oder Gaben angewiesen sind, die sich seiner Selbständigkeit entziehen. Hier kommt es zu einer Bewegung, die Menschen dazu bringt, den Blick von den eigenen Aktivitäten zu wenden und in eine andere Richtung zu schauen, Winke zu vernehmen von einer anderen Seite. Diese Bewegung ist ganz wesentlich. Wenn Menschen von und mit Engeln sprechen, haben sie eine Wendung vollzogen, weg von der Zentrierung eigenmächtiger Bewegungen hin zu einem Du. Dabei geht es immer auch um diese grundlegende Selbstvergewisserung, die in der Eingangsszene beschrieben wurde. Es geht um die Erfahrung des Angenommen- und Aufgehobenseins, um die Sehnsucht nach Daseinsgewißheit, die mehr ist als eine tröstliche Metapher. Insofern kann man Engelerfahrungen auch als „Zuhausesein" bei sich selbst deuten. In diesem Erleben vermittelt sich das Gefühl einer grundsätzlichen Verbundenheit mit den Menschen, der Umgebung, den Dingen und der Welt.

Dieses Getragenwerden taucht vor allem dann auf, wenn Menschen in Situationen geraten, in denen sie sich hilflos fühlen, wenn sie beispielsweise erkennen, daß alle Anstrengungen nutzlos sind. In solchen Zuständen entsteht oft das Gefühl, ich kann nur gerettet werden, wenn etwas von außen kommt. So geschah es einer Klientin:

„Ich war so grenzenlos traurig, daß ich einsah, daß ich mit der eigenen Vernunft und dem eigenen Willen nicht mehr weiterkomme. Ich rief nach einer Kraft, die fähig ist, mir andere Gedanken zu geben. Zum ersten Mal in meinem Leben faltete ich die Hände und betete — besser gesagt — flehte um Hoffnung. Von diesem Augenblick an begann für mich etwas Neues. Es war, wie wenn ein Engel in mein Herz eingekehrt

wäre. Die ganzen Herzattrappen fielen zusammen, da war plötzlich ich mit einem neuen inneren Leben. Schwer zu beschreiben, nicht daß meine Traurigkeit verschwunden wäre, aber ich konnte sie annehmen und mußte nicht mehr fragen, was ich denn noch tun könnte. Es war einfach etwas mit mir geschehen."

Oder ein Mann, der Ähnliches erlebte:

"Wie kann ich es in Worte fassen? Menschliche Worte können das so schwer wiedergeben. Ich war auf einer Reise im Tessin und wollte mir auf der Durchreise eine Kirche anschauen, um ein bißchen auszuspannen, Kraft zu sammeln. Ich hatte eine schwierige Sitzung vor mir, die mir ganz schön Angst machte. Jedenfalls war ich allein in der Kirche und fühlte etwas in mir, was ich so noch nie hatte — etwas Heiliges oder Feierliches, das mich regelrecht erschauern ließ. Alles, was ich sagen kann, ist, daß ich plötzlich das Gefühl hatte, wie wenn jemand mir die Brille von den Augen nimmt. Ich konnte auf einmal alles ganz klar sehen, wie wenn die Schmutzschicht, die sich über mein Leben hin auf meinen Augen angesammelt hatte, verschwunden, weggeschmolzen wäre. Und ich hatte auch das Gefühl, daß das Licht, das in mir ist, plötzlich ungehindert hindurchscheinen konnte. Als ich aus der Kirche trat, wußte ich, das war ein ganz besonderes Erlebnis. Ich sah alles ganz klar, fast überdeutlich, und so fuhr ich zu meiner Sitzung. Es ging dann alles besser, als ich erwartet hatte, allein dieses Gefühl — ich hab' da ein Geheimnis — hat mich richtig stark gemacht."

Und ein anderer erfolgreicher und vielbeschäftigter Mann in mittleren Jahren berichtet:

"Es war spät, ich war immer noch im Büro, stöhnend unter der Last meiner Arbeit, die einfach kein Ende nahm. Wochenlang schlecht geschlafen, überreizt, überfordert — ja, und dann legte ich meinen Kopf kurz auf den Schreibtisch, um ein bißchen abzuspannen. Und plötzlich war es, wie wenn jemand mich am Arm berührte und sagte: ,Schau dir das an, das ist wichtig. Du bist am Ende. Erinnere dich dran, immer nur eine Sache auf einmal zu machen, und den Rest vergißt du, weil er dich nichts angeht. Was du selbst nicht schaffst, mußt du zurückgeben.' Ich weiß, da war etwas im Raum, und ich fühlte mich anschließend total erleichtert."

In solchen Erfahrungen spielt immer wieder das Gefühl hinein, getröstet zu sein und Vertrauen an eine wie immer geartete Sinnhaftigkeit des Daseins haben zu dürfen. Dies liegt als Botschaft und Orientierung überall da zugrunde, wo Engel ins Spiel kommen.

Engelerfahrungen eröffnen Räume für ein oft durch Tatsachen nicht begründbares Vertrauen in eine Ordnung der Wirklichkeit, die wir uns selbst nicht geben können. Menschen, die diese Erfahrungen machen, fühlen sich bewegt und getragen. Und genau dies entspringt der Erinnerung an die frühen Episoden in unserem Leben, in denen wir getragen und dadurch auch „gelassen" wurden.

ENGEL ALS
ÜBERGANGSERSCHEINUNGEN

Grenzen überschreiten

Die Eigenschaften des Übergangsraums und der Übergangsobjekte treffen auch auf die Aussagen zu, mit denen Menschen ihre verschiedenen Varianten von Engelvorstellungen und -erfahrungen in Worte fassen. Es geht immer wieder darum, wie Menschen sich in verschiedenen Lebens- und Entwicklungsstufen der Nähe des anderen trotz erlebbarer Ferne vergewissern. Wie sie Brücken bauen, um die Abwesenheit des anderen Menschen zu überbrücken. Bei den Kleinkindern handelt es sich um die Bewältigung der Trennung zu ihren Bezugspersonen, bei den Erwachsenen geht es um die Verbundenheit mit einer größeren mütterlichen oder väterlichen Dimension, dem Göttlichen, dem Heiligen oder wie man es sonst noch nennen mag.

Wie offensichtlich die Parallelen zwischen kindlichen Übergangsobjekten und Engeln sind, zeigt folgendes Beispiel:

Immer wenn niemand da war, wenn sie verstimmt oder verärgert war, unterhielt sich die sechsjährige Jutta mit ihrer kleinen Stoffpuppe, die sie „Kati" nannte, sie spielte mit ihr, kuschelte sich an sie, wischte sich an ihrer Schürze die Tränen ab, wenn sie traurig war. Manchmal ging sie mit ihr spazieren und erzählte ihr erfundene Geschichten oder Geschichten von früher, als sie noch klein war.

Die Stoffpuppe hatte hier eindeutig die Funktion eines Übergangsobjektes. Sie half Jutta, ihre Einsamkeit und Isolation auszuhalten. Sie erlaubte ihr, Gefühle auszudrücken und sich trösten zu lassen. Jutta erlebte, es gibt noch jemanden, der um mich weiß, dem ich erzählen kann, wie es mir zumute ist, der mich nicht allein läßt. Es gibt doch Hilfe, auch wenn sonst niemand von der Familie da ist. Anders gesagt: Sie fühlte sich bei ihrer Puppe erkannt, und als Erkannte konnte sie sich selbst erkennen und mit sich selbst in Beziehung treten.

Zwei Aspekte werden hier deutlich: das Übergangsobjekt in seiner Funktion als emotionale Stütze und der Inszenierungsaspekt (Petzold), dem Winnicott keine Beachtung geschenkt hatte. Jutta spielte Szenen mit ihrer Stoffpuppe – sie sprach mit ihr, schmuste mit ihr, schimpfte mit ihr, gab ihr zu essen, legte sie schlafen, sang ihr ein Schlaflied, plante und versprach ihr Dinge, die sie mit ihr vorhatte. Auf jeden Fall suchen sich Kinder Objekte, die eine eigene Bedeutung entfalten können und die ihrem jeweiligen Bedürfnis entsprechen. Für Jutta war es die Stoffpuppe, durch die sie Entlastung erlebte. Entscheidend ist nicht das Aussehen oder die Form der Puppe, sondern ihre Funktion. Indem sie ihr Geschichten „von früher, als sie noch klein war" erzählte und Pläne schmiedete, „was sie alles machen will", erinnerte sie sich nicht nur an ihre eigene Geschichte, sie bereitete sich darüber hinaus auch auf zukünftige Situationen vor. Die Puppe gab ihr das Gefühl, für die Zukunft ausgerüstet zu sein, ja sie erlaubte ihr sogar, Erwünschtes, Ersehntes oder Befürchtetes auszusprechen. Mit ihren Geschichten konnte sie Zusammenhänge herstellen, Erlebtes sinnvoll zusammenfügen. Das eben ist – subjektiv – Sinnstiftung. Bei Jutta war es die Puppe, die ihrem inneren Erleben und Verarbeiten Raum gab. Bei anderen Kindern ist es vielleicht ein Stück Holz, Kork, ein Kissen oder ein Stofftuch. Für sich allein sind die Dinge sinnlos, aber für das Kind sind sie durchtränkt mit Bedeutungen, die es in den Dingen sieht. Es macht mit diesen Dingen eigene Erfahrungen und kann aktiv mit ihnen umgehen. Wenn eine Puppe nichts wäre als eine Puppe, wie manche hartgesottenen Realisten meinen, so wäre unsere Welt nicht nur ärmer, wir wären auch orientierungsloser. Die Puppe wird zu meiner Puppe, zu der, die ich drücken und herzen kann, die mir wichtig ist, die mich tröstet, durch die Bedeutung, die ich ihr durch meine Handlungen gebe. Dies gibt mir wiederum Orientierungsgewißheit. Wirklichkeiten sind trotz gemeinsamer, allgemeinverbindlicher Benennungen von Individuum zu Individuum verschieden.

Dieses Beispiel verrät, daß die handfesten Wirklichkeiten unseres Alltags mehr bedeuten, als unsere Worte mit ihnen ausdrücken. Sie sind eben immer beides: konkret wie in Juttas Beispiel die Puppe und symbolisch im übertragenen Sinn. Die jeweils gefundenen Symbole weisen immer über das konkret Erlebte hinaus. Übergangsobjekte haben insofern eine wichtige Funktion, als sie Zusammenhänge deutlich machen und herstellen, die Leerstellen ausfüllen, Entlastung verschaffen und Brücken bauen zwischen innerer und äußerer Realität.

Engel sind wie die Übergangsobjekte für Menschen bedeutungsoffen. Das heißt, Menschen geben ihnen die Bedeutung, die sie in ihnen gemäß ihrer Bedürfnisse, Nöte und Sehnsüchte sehen. Es sind diese spezifischen persönlichen Bedeutungen, die den Engeln ihre Wirklichkeit verleihen. Deswegen unterscheiden sich die Engel von Person zu Person, weil jeder Mensch mit „seinem" Engel so etwas wie eine „konstitutive Einheit" bildet, das heißt, er schafft die Bedeutung seines Engels gemäß seiner Bedürfnisse, Vorstellungen, Phantasien, seiner Erfahrung und seines Umgangs mit ihm. Jeder Engel „paßt" genau zu dem Menschen, der ihn braucht.

Ein anschauliches Beispiel dafür erzählte mir eine 48jährige Klientin:

„Ich habe nicht nur einen Engel, ich habe immer drei Engel um mich herum. Ich nenne sie meine ‚drei Kerle'. Wenn ich abends ins Bett gehe, lege ich die beiden rechts und links neben mich, und einer kommt ans Fußende. Den Kopf will ich frei haben für meine Träume. Seither habe ich keine Schlafstörungen mehr, ich fühle mich geschützt wie ein Baby."

Interessant scheint mir bei dieser Schilderung, daß sie sich zwar reichlich Schutz von ihren Engeln holt, aber auch ein Stück Freiheit bewahrt, das ihr erlaubt, eigenen Träumen nachzugehen. Freiheit erscheint vielleicht deswegen möglich, weil sie sich in einem sicheren Raum aufgehoben weiß. Von jenem Aufgehobensein in einem größeren Raum sprach auch ein Musiker, der gerade pensioniert wurde:

„Engel bedeuten mir vor allem, daß ich an einer geheimnisvollen Ordnung teilhabe, daß ich irgendwie dazugehöre zu diesem Kosmos. Sonst wäre dieses Alleinsein nicht erträglich, obwohl ich ja noch gut dran bin, weil ich mein Instrument habe, das mich immer wieder tröstet."

Wenn ich seine treffenden Worte aufgreife, so könnte man sagen: Engel bewirken für die Menschen, daß wir nicht total getrennt sind, sondern verbunden bleiben mit einer größeren Einheit. Das bedeutet auch: Engel bewirken, daß wir einen Zugang finden zu dem, was man mit dem Wort Transzendenz bezeichnen kann. Hier können wir einen Zugang finden zum Übersteigen von Grenzen, Begrenztheiten, Barrieren, Schwellen. Engel stehen für den Traum von der Einheit des Ganzen, zu der uns der Schlüssel fehlt. Sie öffnen uns Zugänge.

So einfach sich die Geschichte der kleinen Jutta anhörte, so unübersehbar enthält sie doch alle Elemente, die auch auf das zutreffen, wie Menschen Engel erleben und umschreiben. Ähnliches entdecken Erwachsene, wenn sie die Erfahrung von Schutz und Gehaltensein im Raum der Engel machen. Auch die Erfahrung Erwachsener kann spielerische Züge annehmen, es kann wie ein Trostpflaster sein, wie das Pfeifen im dunklen Keller, wie ein trotziges Sich-Mut-Machen, aber es kann auch existentiell notwendig sein, wenn es um Brücken über Abgründe von Ängsten, Sehnsüchten und Verlassenheit geht.

Aber die Erlebnis- und Imaginationswelt des Kindes ist nicht mit der Erfahrung gleichzusetzen, die Erwachsene mit Engeln machen. Es gibt einen wesentlichen Unterschied: Die kindlichen Übergangsobjekte sind „Stellvertreter" der primären Bezugspersonen und verweisen als Symbole der Trennung und Verbindung auf diese Personen, die das Kind ja ganz konkret in seiner Wirklichkeit erlebt. Die Engel sind hingegen auf den Schutz bezogen, den Menschen mit Gott verbinden, wie er sich ihnen offenbart, dem Transzendenten, dem Jenseitigen, der höheren Macht – wie auch immer. Die Perspektive des Kindes bewegt sich also in der Horizontalen. Das Kind braucht realen Schutz und Orientierung in seiner Wirklichkeit. Engel hingegen verweisen auf ein „Jenseits der Grenze", das das bewußt Erfahrbare übersteigt. Menschen suchen oft ein Leben lang nach Erfüllung dieser Sehnsucht. Und jene kleinen „Zwischen-Erfüllungen", die wir erleben, wenn wir das Erleben von Bewahrtsein haben, lassen uns nur allzu gerne glauben, auch die größere Erfüllung unserer Sehnsüchte sei letztlich erreichbar.

Verschränkung von Innen- und Außenwelt

Wo befinden wir uns, wenn wir eine Blume betrachten, eine Sand-
burg bauen, ein Klavierkonzert hören, ein Gedicht lesen oder ein
Gemälde auf uns wirken lassen? Oder eben – einem Engel begegnen?
Darüber etwas zu sagen bleibt vage, sicher ist nur, daß wir weder innen in der reinen Kontemplation noch außen ganz in der Welt im
konkreten Verhalten und Handeln sind. Wir befinden uns in einem
Zwischenbereich zwischen innen und außen. Musiker würden diesen
Bereich – voreilig oder nicht – eine bessere Welt nennen. Wer dazu
neigt, den Sinn des Tuns und Gestaltens nach seiner Nützlichkeit ein-
zuschätzen, dem werden die obengenannten Befindlichkeiten kaum
viel bedeuten. Fragt man, um welchen Zwischenbereich es sich dabei
handelt, dann stößt man auf die Wegweiser, die ich bisher unter dem
Begriff „Übergangsraum" gefaßt habe. Es ist ein Raum, der nicht nur
Luxus bedeutet, sondern lebensnotwendig ist. Denn er ist eine der
Oasen, in dem wir die Aufmerksamkeit von der Umwelt, auf die wir
uns sonst einstellen müssen, abziehen und uns an einem sicheren,
nicht strittig gemachten Ruheort entspannen können. Dies alles erst
erlaubt, daß wir uns unbesorgt unseren Einfällen überlassen können,
uns vertiefen und über die eigenen Gedanken oder Äußerungen staunen können. In diesen Bereich zwischen innen und außen, in dem
Kultur, Kunst und Religion angesiedelt sind, liegt auch die Heimat
der Engel. Als Brücke zwischen Isolierung und Teilhabe, als Zwiesprache zwischen innen und außen können sie zum Symbol psychischer Konflikte werden. Sie können dabei auch geistige Ideen verkörpern, in denen die Hoffnung auf das Rettende, auf das Gute
aufgehoben ist. Engel können zu Symbolen werden, die zwischen innen und außen vermitteln. Sie können im betreffenden Menschen

Energien freisetzen, um Konfliktlösungen zu entwickeln, indem sie unbewußtes Material einer bewußten Bearbeitung und Integration zugänglich machen. Immer geht es dabei um diese Bewegung, um den Brückenschlag zwischen innen und außen. Da es in Therapien häufig um diesen Brückenschlag geht, werden auch Therapeuten von manchen Klienten in die Rolle eines Engels gedrängt. Und es ist nicht einfach, diesem Anspruch zu entgehen. Dies macht das Beispiel eines Kollegen anschaulich:

„Ich ertappe mich immer wieder dabei, daß ich sogar daran glaube, ich könnte meine Klienten retten. Sie bringen mir so viel Erwartung und kindliches Vertrauen entgegen, als könnte ich ihr Leben stützen und tragen."

Dieser Gedanke, daß es jemanden gibt, der mich stützen und tragen kann, lebt in der Seele vieler Menschen. Es ist die uralte Hoffnung, die sich in unendlichen Varianten als Wunsch nach Versicherung in einer Welt, die eben nicht berechenbar ist, ausdrückt. Es gehört wohl ganz wesentlich zum Menschen, daß wir Probleme haben, die für uns als Menschen zu schwer zu tragen sind. Benötigen wir deswegen einen anderen, der uns stützt und Garant ist für eine Welt, die zu bewältigen ist? Einem Menschen diese Sehnsucht ausreden zu wollen würde nicht viel helfen. Wir müssen akzeptieren lernen, daß wir darauf angewiesen sind, uns zu verbinden mit dem, was für uns das Gute, das Tragende, das Gehaltensein bedeuten. In diesem Wunsch ist etwas Zentrales enthalten, was wir Menschen anheimstellen, das heißt ihrer Entscheidung überlassen müssen. Von der Warte der Engel aus wird diese Hoffnung zutiefst menschlich. Von ihnen kann man sich etwas erhoffen, wünschen, ersehnen. In ihnen ist die Hoffnung auf das Rettende, Gute, Schützende aufgehoben. Auch wenn dieses Hoffen manchmal ins Leere stößt, so sind es doch tiefe menschliche Bedürfnisse und Versuche des Menschen, die Hand nach etwas auszustrecken, was eine Brücke schlägt zwischen innen und außen.

Vergleicht man die Verschränkung von Innen- und Außenwelt, die die Engel repräsentieren, so hebt sie sich in besonderer Weise von anderen Übergangwelten ab, die Menschen erleben. Engel sind keine eigenständigen Wesen, sondern sie werden von Menschen belebt, beseelt, beherzt. Bei den Engeln sprechen Menschen von Kraftfeldern, von Atmosphären oder von Mächten, von denen sie ergriffen werden, und von Empfindungen oder Gefühlen, die sie erleben. Das unterscheidet sie von den geschaffenen gegenständlichen Kunstwerken. Es geht hierbei natürlich nicht um ein flaches, unbedachtes Vertrauen auf Ungesichertes, sondern um ein frei entspringendes, richtunggebendes Vertrauen, das zu einem guten Ort führt. Wenn es zu einer Begegnung mit einem Engel kommt, so eröffnet sich ein Blick- oder Aktionsfeld, aus dem sich Weite und Vertrauen gewinnen läßt. Da dieser Bereich sozusagen „zwischen den Welten" liegt, kann er Mut und Hoffnung machen, aber er drängt sich nicht auf.

„Wie ein Lichtstrom", „wie von woanders her", „wie aus einer anderen Welt", „wie ein Wink von der anderen Seite" – dies sind Formulierungen, die darauf hindeuten, daß es sich hier um eigene Qualitäten oder Atmosphären handelt, die sich nur schwer in Sprache fassen lassen. Was sich hier äußert, befindet sich im vorsprachlichen Raum und wird auf andere Weise verstanden. Diese eigene Qualität der „Engelwelt" hat nichts Mystisches an sich, selbst wenn es so wirken mag. Es handelt sich vielmehr um synästhetische Wahrnehmungen, die nicht Vision sind, sondern vielmehr zu den gesamtsinnlichen Wahrnehmungen gehören. Dieser Baum, dieser Ort, dieser Mensch, diese Wolke werden von manchen erlebt wie ein „Engel" – und sie werden ganz besonders intensiv wahrgenommen. Am ehesten ist dies vergleichbar mit dem, was Musiker erleben, wenn sie sich voll und ganz der Musik hingeben, oder Komponisten, bei denen das Ganze schon „da" ist, bevor sie es niedergeschrieben haben. Eine moderne Version dieses Phänomens stammt von einem leidenschaftlichen Motorradfahrer: *„Wenn ich gut drauf bin und mein Gefährt beherrsche, dann fühle ich mich ‚eins mit mir selbst' und mit allem."*

Und ein anderer junger Mann sagt: *„Für mich ist fast das Wichtigste, weil ich nicht an diese himmlischen Wesen da oben glaube, daß die Chemie mit einem konkreten Menschen stimmt. Dann können die für mich wie Engel sein."*

Im Kern geht es immer wieder darum, daß Menschen solche Zwischenwelten brauchen, in denen sich innen und außen verschränken, in denen sie die Möglichkeit haben, ganz sie selbst zu sein, ob das nun das Motorradfahren, die Musik oder die Zuneigung zu einem anderen Menschen ist. Menschen finden ihre Engel dort, wo sie sich selbst finden: in ihrer eigenen Mitte, wo sich innen und außen treffen. Eine einfache Möglichkeit, sich mit dieser Mitte zu verbinden, ist die Stille. Eine ältere Frau beschreibt dies so: *„Einmal im Monat halte ich meinen Tag der Stille. Ich verbringe den Tag damit, einfach nur zu sein und auf meine innere Stimme zu hören. Es gibt nichts zu tun an diesem Tag — kein Telefon, kein Fax. Ich lasse alle meine Projekte liegen. Ich gehe, sitze oder liege still und lausche. Es ist unglaublich, was mich in dieser Stille alles erreicht. Es ist, als würden Botschaften zu mir durchdringen wollen.“* Die Stille läßt sich immer wieder finden, auch wenn man keinen ganzen Tag dafür zur Verfügung hat, es kann ein Abend sein oder ein Sonntagnachmittag, an dem man sich in dieses Lauschen einüben kann.

Eine andere Erfahrung schildert die Freundin dieser Frau: *„Für mich ist es die Gelassenheit, die mir erlaubt, Gefühle als etwas Vorübergehendes zu erleben und nicht als eine Aufforderung, jetzt sofort danach handeln zu müssen. Sie hilft mir zu unterscheiden, was mir guttut bzw. nicht guttut.“* Selbst ein vielbeschäftigter Geschäftsmann spricht von seiner Mitte, wenn es ihm gelingt, das zu tun, was sich „richtig anfühlt“, wenn er seinem „Gefühl im Bauch“ vertrauen kann. Und eine pensionierte Lehrerin bringt ihre Erfahrung wie folgt auf den Punkt: *„Mitte, das ist, zu merken, was man ändern kann und was man nicht ändern kann. Dann kann man sich finden lassen vom Glück, von den Menschen und von Gott.“*

■ ■ ■

Engel lassen sich nicht greifen

Wir können Engel erfassen und gleichzeitig nicht erfassen. *„Manchmal spüre ich, es gibt sie, dann denke ich wieder, das ist doch alles Einbildung."* Diese Äußerung drückt das Paradox der Engelerfahrung aus. Vielleicht lockt aber gerade diese Unfaßbarkeit die Engel ins Leben hinein. Wenn es einem Musiker geschieht, daß er sich bei der Hingabe im Spiel plötzlich wie von einer fremden Hand geführt weiß, erwartet er deswegen noch nicht, diese Hand konkret zu sehen. Und ein Ergriffener kann die Anwesenheit der Engel real erfahren, ohne zu erwarten, daß er sie mit seiner Videokamera einfangen könnte. Diese Haltung hängt nicht nur damit zusammen, daß Engel unverfügbar sind – fast wie Tag und Nacht, sondern auch damit, daß unsere rationale Skepsis es schwer hat, nicht objektiv nachweisbaren Tatsachen Glauben zu schenken. Diese Skepsis wäre für Kinder unverständlich, für sie kann letztlich alles zum Übergangsobjekt werden, sie müssen an die Übergangsobjekte nicht glauben oder sie als Symbole identifizieren. Sie erfahren die Gegenwart der Mutter einfach, indem sie mit ihrem Übergangsobjekt umgehen. So betont Winnicott, daß Eltern Kindern dies ganz selbstverständlich zubilligen und niemals fragen: „Hast du dir das ausgedacht, oder ist es dir von außen dargeboten worden?" In dieser Selbstverständlichkeit wird ein Ton angestimmt, auf den jeder, der sich intensiver mit Engeln beschäftigt, unvermeidlich stößt: Es klingt hier die Sehnsucht nach einem Raum des Erlebens an, der nicht in Frage gestellt wird. Es kommt die Sehnsucht nach einer zeitweiligen Befreiung von den Zwängen der äußeren Realität zum Ausdruck, der Anspruch auf ein Stückchen „Auszeit" sowie das Bestreben, immer wieder einmal dem Gravitationsfeld des Alltäglichen zu entrinnen.

Es gilt also, das Geheimnis der Engel nicht wegzuerklären, sondern zu begreifen. Am Leitfaden der Übergangsobjekte habe ich beschrieben, wie das Kind ein Objekt symbolisch „besetzt". Durch diese Besetzung erhält der Gegenstand eine über seine ursprüngliche Funktion hinausgehende Bedeutung, die wiederum auf das Kind zurückwirkt: Es kann nun etwas lieben, das außerhalb seines Ichs liegt. Winnicott spricht davon, daß das Kind das Objekt zwar erschafft, aber „das Objekt war bereits vorher da, um geschaffen und besetzt zu werden". Dieser Prozeß, Vorgefundenes in Selbstgeschaffenes zu verwandeln, ist genau das, was Menschen tun, wenn sie eine von außen kommende Erfahrung als Engelerfahrung „besetzen". Deswegen kann man auch sagen, daß Menschen in gewisser Weise ihre Engel erschaffen. Unser Verhältnis zu den Engeln ist also nicht willkürlich und weist nicht zufällig in diese oder jene Richtung, schon deshalb nicht, weil es weniger durch bewußte als unbewußte Phantasievorgänge angestoßen ist. Wie wir das Verhältnis zu „unserem Engel" erfahren, hängt von unseren inneren Bildern ab, die wiederum von gewissen kulturellen oder religiösen Vorstellungen beeinflußt sind. Was wir in der Gestalt von Engeln erblicken, ist uns also keineswegs unbekannt. Nicht nur zur Weihnachtszeit tauchen Engelmotive und -bilder auf: eher strenge und herbe, süße und kindliche, musizierende und verkündende Engel usw. Auf vielen Darstellungen hat jeder von uns sie schon gesehen — doch noch nie so, wie man selbst sie sieht. Was der einzelne sieht und erlebt, ist seine besondere Erfahrung. Sie widersetzt sich dem Versuch, sich ihrer zu bemächtigen oder sie auf einen bestimmten Sinn festzulegen. Die folgende Aussage einer Klientin macht besonders schön das Wirken innerer Bilder anschaulich: *„Mein Engel gehört zu mir. Er ist wie ein schöner Schmetterling, der sich nicht einfangen läßt."*

In diesen Erfahrungen geht es schließlich um die Widersprüchlichkeit, etwas erscheinen zu lassen, was im Sichtbaren nicht aufgeht oder nachweisbar ist. Zum Geheimnis der Engel gehört wohl auch, daß sie uns in eine Welt versetzen, die so anders ist als die, die uns täglich umgibt. Und diese paradoxe Erfahrung gehört zum Menschen dazu: Das beginnt schon bei der Fähigkeit zum Alleinsein. Winnicott ist überzeugt, daß diese Fähigkeit des Menschen darauf beruht, daß das kleine Kind erfährt, in der Gegenwart der Mutter allein sein zu können. Die Fähigkeit, allein zu sein, meint also die Erfahrung, allein zu sein, während jemand anders anwesend ist. Das ist eigentlich ein Paradoxon. Und dieses Alleinsein ist eine Erfahrung, die im Zusammenhang mit Engeln immer wieder erwähnt wird. Man ist allein und dennoch in vielfältiger Weise auf etwas anderes bezogen. Man ist allein und doch nicht allein – das ist das Paradoxon der Engelerfahrung. Hiermit wird eine immer wieder auffindbare innere Heimat zugänglich. Wer diese findet, braucht keine großartigen Erlösungsphantasien oder überhöhte Paradiesvorstellungen. Etwas von dieser inneren Heimat erleben wir, wenn wir uns mit uns selbst im Einklang fühlen, bei uns sind, um einen Ort in uns wissen, wo es sich gut anfühlt und stimmig ist. Dort sind wir allein und doch nicht allein. Diesen inneren Ort lernen wir im Laufe der Jahre immer besser kennen, es wird uns immer leichter, ihn aufzufinden, wenn wir ihn brauchen. Es ist der Ort, wo wir Zwiesprache halten: mit uns selbst, mit den anderen und mit unseren Engeln. Hier geben wir die Ansprüche auf, die wir ganz selbstverständlich an die äußere Welt richten. Hier können wir uns eingestehen, daß jeder von uns die Möglichkeit braucht, von seinen Wunden und Verletzungen zu sprechen und zu wissen, daß andere Herzen ihm zuhören. Ein Stückchen Paradies auf Erden ist also punktuell möglich, beispielsweise in Sternstunden, bei „Sternenbegegnungen" oder eben an jenem inneren Ort, in dem wir, wenngleich allein, doch in vielfältiger Weise bezogen sind. Menschen sind von Anfang an die Nicht-allein-Lebenden, deswegen liegt ihre Erlösung auch nicht im Alleingang. Wie sehr wir den anderen brauchen, wird besonders deutlich, wenn Paare sich kurzfristig trennen müssen, beispielsweise wegen einer Geschäftsreise. Mich überrascht immer wieder, daß es auch bei solch kurzen Trennungen zu heftigen Reaktionen kommen kann – und auch die Betroffenen selbst sind oft nicht minder überrascht. Offensichtlich ist die Anwesenheit und Erreichbarkeit des Partners so selbstverständlich, daß sie gar nicht mehr wahrgenommen wird. Auch in solchen Situationen brauchen wir Brücken. Ich weiß etwa von einem Mann, der einen Tropfen Parfum seiner Partnerin aufs Kopfkissen sprüht, um besser einschlafen zu können, wenn sie verreist.

Eine junge Frau schildert im folgenden, wie sie mit ihren Gefühlen des Alleinseins umgeht:

„Wenn es mir gelingt, mich mit meinem Engel zu verbinden, dann fühle ich mich immer ‚daheim‘. Es ist wie ein Ort, wo gut Sein ist. Dann fällt diese Enge weg, dieses Bedürfnis nach Kontrolle und Sicherheit. Dann traue ich mich, egal, wo ich bin, mich auszubreiten, einen Platz einzunehmen. Meine Seele wird irgendwie weiter.“
Ihr Engel dient der aktiven Vergewisserung, allein, und doch nicht allein zu sein. Zwischen innerer und äußerer Realität hat sie einen Ort gefunden, „wo es sich gut sein läßt“. Ein Ort, der sie mit Geborgenheitsgefühlen und Versprechen erfüllt, weil sie imstande ist, sich davon ergreifen zu lassen. Dieser Ort ist ihre innere Heimat, hier hält sie Zwiesprache mit sich selbst und mit ihren Vorstellungen über das, was über sie hinausweist. Ihr Engel verschafft ihr einen auffindbaren heimatlichen Ort.

Engel kommen und gehen

Engelerlebnisse sind Erlebnisse besonderer und notwendigerweise flüchtiger Art. Hier verbinden sich innen und außen, und es kommt zu einer Resonanz zwischen ihnen, beide klingen zusammen. Dies sind etwa Augenblicke, in denen wir uns als völlig stimmig erleben, kurze Geschenke auf Zeit, in denen die gewohnte Diskrepanz zwischen Ich und Welt aufgehoben erscheint. Wir befinden uns im Einklang mit uns selbst und unserer Umgebung. Das kann geschehen, wenn wir Menschen und Orten begegnen, an denen wir selbst ganz werden; wenn wir den Mut haben, uns unsere Wahrheit einzugestehen; wenn eine rettende Hand sich uns entgegenstreckt; aber auch viel bescheidener, etwa beim Erleben eines Sonnenuntergangs, der duftenden Pracht von Flieder oder dem frühmorgendlichen Vogelgesang. Es sind Augenblicke, die uns das Gefühl geben, in dieser Welt ein Zuhause zu haben. Diese optimale Verschränkung von innen und außen ist aber nie dauerhaft. Wir bewegen uns weiter und mit uns auch unsere Engelsbegleiter. Was zurückbleibt, ist vielleicht der Wunsch, ihnen wieder zu begegnen.

Es ist das Schicksal der kindlichen Übergangsobjekte, weggelegt zu werden, wenn sie ihre Funktion erfüllt haben: die Puppe, die aus der Hand gelegt wird, das Kuscheltier, das im Schrank landet, oder das Pferdchen, das in den Keller kommt. Das sind Situationen, in denen wir unsere Hände frei haben wollen für Neues, oder einfach „selber weitermachen" wollen. So ähnlich ist auch das Schicksal der Engel. Sie sind da, um von uns gebraucht zu werden. Schön ist es, wenn wir uns bei ihnen bedanken, aber vielleicht erwarten sie das gar nicht. Wir mögen sie verehren und wertschätzen, aber wir sind ihnen nichts schuldig. Sie verkörpern etwas für uns und sind für uns da, wenn wir sie brauchen. Und sie verschwinden in den Hintergrund, bis wir wieder nach ihnen rufen. Jeder Moment, jedes Ereignis oder Widerfahrnis kann allerdings unvorhersehbar und oft unerwartet ihr „Wiedererscheinen" hervorrufen. Das hängt wohl damit zusammen, daß wir sie nie ganz vergessen. Denn die gute Erfahrung, die wir mit ihnen verbinden, wirkt in uns weiter. Irgendwo in uns verborgen lebt die Erinnerung, die Ahnung oder die Sehnsucht, als wüßte unsere Seele, daß wir Flügel bekommen, wenn wir Engeln begegnen. Die Engel vermitteln uns die Erfahrung, daß wir nicht allein sind und daß es Orte gibt, an denen nichts von uns gefordert wird, so daß wir uns selbst wieder näherkommen. Sie sind für uns da, und wir können nach dieser Wirklichkeit die Arme ausstrecken. Sie drängen sich uns jedoch nicht auf, und wir können sie auch nicht einfordern oder berechnen.

Engel kommen auf leisen Sohlen, heißt es. In dieser Lautlosigkeit drückt sich für mich ihr Zauber aus. In der hingebungsvollen Zwiesprache mit unseren Engeln bedarf es oft nicht einmal der Worte. Sie kommen als flüchtige Erfahrungen des Guten, manchmal nur selten, manchmal häufiger, und sie stärken so unser Vertrauen auf das prinzipiell Gute und die Hoffnung, daß es immer wiederkehren werde. Solche Erfahrungen, die in unseren Träumen, Begegnungen und Phantasien erlebt werden, sind Geschenke. Solches erleben wir auch, wenn wir uns mit uns selbst in einer guten Seelenlandschaft aufgehoben fühlen. Das Bild vom Boot, das ich mit einem Klienten entwickelte, greift dies auf.

Der Auslöser für unsere Assoziationen war ein von einem Freund selbstgebasteltes Segelboot, das vor meinem Fenster stand. Wir phantasierten darüber zum Thema Engel: „Wenn jemand mit mir im selben Boot sitzt … Vertrauen haben, daß es trägt … Hoffnung haben, das gewünschte Ziel zu erreichen … Sich aufeinander verlassen … Im gleichen Boot sitzen, das heißt nicht nur Kontakt, sondern Beziehung haben … Dem Wasser ausgeliefert und dennoch getragen sein." Diese reichhaltige Assoziationskette enthält viele Elemente, die für die Engel gelten: Beziehung zu etwas anderem, Vertrauen und Geborgenheit empfinden können, Getragenwerden. Schließlich sprach er darüber, daß man das Boot, wenn es einen über den Fluß gebracht hat, aber auch wieder verlassen muß. *„Man kann es doch nicht aus lauter Dankbarkeit, nur weil es einem über den Fluß geholfen hat, ewig mittragen. Man läßt es einfach stehen, vielleicht dient es später wieder einmal, oder ein anderer kann es gebrauchen. Das Boot nimmt es einem ja auch nicht übel. Dazu ist es ja schließlich da, daß es uns hilft, den Fluß zu überqueren."* Wenig später berichtete er mir stolz, daß er seinem Sohn ein kleines Boot geschnitzt hatte. Sein Kommentar: *„Damit er auch was hat, das ihn trägt. Selbst wenn es auf dem Speicher landet, wird er sich irgendwann einmal daran erinnern."*

Schön wäre es, wenn die beiden das Boot und das, was es symbolisiert, nie vergessen würden. Vielleicht wird sein Sohn später in schweren Momenten daran erinnert, daß es da einmal dieses Boot von seinem Vater gab.

Mit den Engeln verhält es sich ähnlich. Sie werden nie ganz vergessen, nie ganz verloren. Aber sie haben ihre „Gezeiten". Sie kommen und gehen, oder wie jemand sagte: *„Sie nehmen es uns auch nicht übel, wenn wir unseren ‚Kram' selber machen wollen."* Das heißt auch, daß wir unsere Verantwortlichkeit nicht einfach ablegen und an die Engel delegieren dürfen. Auch gegenüber den Engeln gilt die bekannte, abgewandelte Volksweisheit: „Hilf dir selbst, so helfen dir die Engel!"

Engel sind nicht einfach „machbar". Sie sind unserem Zugriff entzogen. Auf die Hilfe der Engel kann man hoffen, man kann auf sie bauen und an sie glauben. Das bedeutet aber nicht, daß man ein Recht auf Erfüllung des Guten hat oder es sich verdienen kann. Das kausale Denken in „Wenn-Dann-Kategorien" führt allenfalls zu Schuldgefühlen, wenn sich die erwünschte Hilfe und Erfüllung nicht einstellen. Denn irgend etwas muß ich dann ja falsch gemacht haben. Die Alternative kann aber auch nicht lauten, die Hände in den Schoß zu legen und zu sagen: Es kommt sowieso, wie es kommt. Es bedeutet vielmehr anzuerkennen, daß es noch etwas anderes als unser beschränktes Ich gibt. Es bedeutet, sich zurückzunehmen, wenn man getan hat, was man tun konnte. Ein altes Wort bringt diese Haltung gut zum Ausdruck: „sich anheimstellen". Das bedeutet, die Hände öffnen, seine Sorgen und Nöte überantworten und an dem Glauben festhalten, das Gute möge zu uns kommen. Wir können den Engeln Räume öffnen, in denen sie erscheinen, wenn wir uns nicht abschotten und verhärten. Wolf Biermann hat dies eindrucksvoll in Worte gefaßt: „Laß mich nicht verhärten in dieser harten Zeit!" Mit diesen Worten interpretiert er den Chor Nr. 6 der Bachkantate Nr. 21, wo es heißt: „Was betrübst du dich, meine Seele?" Die Engel sind für uns da, wenn wir an sie denken und sie rufen. Wir können uns von ihnen finden lassen. Dann müssen wir nicht mehr meinen, alles selbst tun zu müssen, für alles verantwortlich oder an allem schuld zu sein. Dann können wir auch annehmen, daß der Schutz der Engel eben nicht berechenbar ist und uns nicht immer aufgeht. Wir können die Engel zwar nicht herbeizwingen, aber wir können unsere Hand nach ihnen ausstrecken. Und das heißt oft, ins Leere hinaus hoffen und glauben. Penny McLean, die seit Jahren die Geheimnisse der Schutzengel erforscht, meinte in einem Radiointerview 1998, man könne sich seine Engel züchten, je nach Erkenntnis, Urteilskraft und Reife. Ich nehme an, daß sie damit auch ausdrücken wollte, daß es von unserer Einstellung abhängt, von unserer Bereitschaft, sich zu öffnen für Neues, für andere Ebenen des Seins, wie weit die Engel uns begleiten.

Aufträge der Engel

Ähnlich wie die frühen Übergangsobjekte verändern sich auch die späteren – die Engel – in ihrer Bedeutung und Funktion für den einzelnen Menschen. Ihre Aufträge wechseln im Laufe der Zeit, sie sind alters- und personenabhängig und wandeln sich über die Lebensspanne hin – von den frühesten Anfängen an. Jeder Mensch hat seine eigene Geschichte mit seinen spezifischen Übergangsobjekten. Darin sind Gefühle, Stimmungen, Atmosphären aus allen Phasen seines Lebens archiviert, die eine wertvolle Bedeutung für das Erinnern haben. Manchmal lasse ich meine Klientin ihr „privates Archiv" mitbringen. Auf einem Teppich breiten wir dann die Gegenstände aus und ordnen sie den einzelnen Lebensphasen zu. So erhalten wir ein regelrechtes Lebenspanorama. Als erstes liegt dann zum Beispiel die zerzauste Puppe mit den großen blauen Augen da. Dann kommt die weiße Hühnerfeder, die einmal als Wink vom Himmel galt. Der Lieblingsstein und das geliebte Unterhemd, das man immer bei besonderen Anlässen trug, markieren den Übergang zum Erwachsenwerden. Dorthin gehören dann auch die abgegriffene persönliche „Bibel", ein Gedichtband, ein Liebesbrief, der wie ein Engelsgeschenk aufbewahrt wurde, eine Muschel, mit der man das Meeresrauschen herbeizaubern kann. Die wichtigen Lebensbegleiter im Erwachsenendasein sind dann meist geistiger Natur: bestimmte Schriften, Tagebücher, Erinnerungsstücke an geliebte Menschen, aber auch Bilder, Schmuck, Handschmeichler oder Tücher. Diese „privaten Archive" sind nicht nur wichtige Erinnerungshilfen. In ihnen sind auch viele als sinnvoll erfahrene Situationen und Ereignisse gespeichert. Sie bilden dadurch auch eine wichtige Grundlage für ein sinnvolles Selbstverständnis. Die Übergangsobjekte haben also einen sehr intimen Charakter, sie sind ganz eng mit dem jeweiligen Menschen verbunden. Daher sind auch die Aufträge der Engel sehr individuell – sie richten sich immer nur an die jeweilige Person. In diesen Aufträgen leuchten gewiß auch die bewußten und die unbewußten Motivationen eines Menschen auf, die sich erst erschließen lassen, wenn man die jeweilige Situation eines Menschen kennenlernt. Die Fragen kreisen also darum, wie jemand seinen Engel erlebt, wo und unter welchen Umständen er was wie erlebt hat. Erst dadurch lassen sich auch die Aufträge richtig erkennen. Das folgende Beispiel macht dies deutlich:

„Damals als ich meinen Unfall hatte, da habe ich zum ersten Mal so was erlebt. Ich war total schlecht drauf und mußte einfach mit jemandem reden. Ja, und dann hab' ich mir so ein gutes Wesen vorgestellt – ähnlich wie so 'ne weise alte Frau. Und irgendwie kam dann auch so ein Bild ... Der hab' ich einfach alles ganz ehrlich gesagt, wie's so mit mir steht und so ... Danach war ich so ähnlich drauf, wie ich mir das vorstelle bei Leuten nach der Beichte."

Wichtig an dieser Aussage ist vor allem, daß der junge Mann ein für ihn bedeutsames Ereignis – seinen Unfall – nach außen bringen konnte. Er brauchte seinen Engel – hier in Gestalt einer weisen Frau – als Hilfe, um seine traumatischen Eindrücke auszudrücken. Der Engel ersetzt ihm Gesprächspartner, die nicht vorhanden sind oder zumindest nicht in der Art und Weise, wie er es gebraucht hätte. Nachdem ihm dies gelungen ist, fühlt er sich erleichtert. Das so aufwühlende Erlebnis kann nun aus größerer Distanz betrachtet werden, es ist nicht mehr so bedrohlich. Diese Zwiesprache hat ihm aber nicht nur Entlastung verschafft. Sie ist auch eine Erfahrungsbewegung hin zu dem, was er nötig hatte – nämlich Selbststärkung und Selbstbezug. Es geht nicht nur darum, den Unfall zu bewältigen, sondern auch um sein gesamtes Leben.

Ähnliches berichtet eine junge Frau, die in einer großen Lebenskrise feststeckte:

„Mein Leben war schlicht ein Chaos. Ich wußte überhaupt nicht, wo ich anfangen sollte. Am liebsten wäre ich abgehauen. Alles hinter mir lassen, das war meine

große Versuchung. Ja, und dann las ich dieses Buch, das mich total faszinierte. Ich rief die Autorin an und wollte zu ihr in Therapie. Die sagte nur so etwas Ähnliches wie ‚Schritt für Schritt‘ und ziemlich klar ‚Abgehauen wird nicht!‘. Jedenfalls hatte ich in der Nacht einen Traum, in dem ich meine Schubladen aufräumte. Ich habe diese Frau zwar nie gesehen, aber ich weiß, da ist mir was mitgeteilt worden. Die weiß gar nicht, daß sie mein Engel damals war.“

Diese junge Frau steht vor der Aufgabe, sich neu zu orientieren und neu anzufangen. Der Auftrag ihres Engels hatte mit ihrem Wunsch zu tun. Sie brauchte Hilfe dabei, Ordnung in ihrem Leben herzustellen. Äußerlich wurde sie durch nichts geschützt, ganz im Gegenteil. Aber innerlich fühlte sie sich nun klarer und mutiger – ihr Unbewußtes half ihr sogar noch mit einem Traum dabei. Sie war jetzt bereit, die anstehende Integrationsleistung zu erbringen: aus dem innerlichen und äußeren Chaos eine neue Ordnung herzustellen. Sie brauchte sozusagen einen Engel der „Bilanzierung“, der ihr beistand, Fazit zu ziehen, standzuhalten und nicht auszuweichen. Sie war offen und bereit dafür, deswegen konnte sie sich die knappen Worte der Autorin zu eigen machen und sich der verführerischen inneren Stimme, die sie zum Weglaufen verlocken wollte, widersetzen.

Die Aufträge von Engeln können bestärken und Kraft geben, eine anstehende Aufgabe zu lösen, einen neuen Lebensschritt zu wagen. So berichtet eine Frau, die immer wieder etwas stehlen mußte, von dem starken Impuls, damit aufzuhören:

„Ich bin fast verrückt geworden, weil ich wieder etwas geklaut habe, obwohl ich mir so fest vorgenommen hatte, nie mehr so was zu tun. Natürlich hätte ich mit meinem Freund reden können, aber ich glaube, der hätte mich nicht verstanden. Zu wem hätte ich sonst gehen können. Von Pfarrern halte ich nicht viel, und Therapeuten sind mir zu teuer. Aber irgendwie fand ich mich so ekelhaft, ich konnte mir gar nicht mehr richtig in die Augen schauen. Ich dachte immer, aus meinen Augen guckt der Teufel heraus. Dann bin ich viel spazierengegangen, weil ich dachte, vielleicht hilft die Natur. Ja, und dann habe ich einmal einfach ganz laut im Wald gerufen: ‚Engel wenn’s euch gibt, dann meldet euch doch. Gebt mir irgendein Zeichen!‘ Also um es kurz zu machen, ich stieg in mein Auto, und im Rückspiegel sah ich, da sitzt jemand hinter

mir – eine Gestalt, die ich nicht beschreiben kann – so was wie ein mittelalterlicher Mann – ja, und dann habe ich geredet, hab' einfach alles gesagt. Das war unglaublich gut, und was mich wundert, ich hatte überhaupt keine Angst. Ich wußte, das ist es!"

Will man dieses Erleben mit der rationalen Skepsis beurteilen, kommt es zu Äußerungen wie: „Das gibt es nicht", „Halluzination" oder „Übertreibung". Solche Reaktionen kommen oft, wenn Menschen von ihrem Engelerleben berichten. Sie gehen aber am Selbstverständnis der Betroffenen vorbei. Wesentlicher scheint mir die Frage, für welchen Auftrag der Engel hier in Anspruch genommen wird. Das ist hier eindeutig der Auftrag des „Bekenntnisses". Die Frau brauchte einen geschützten Ort, wo sie das, was sie nicht offenbaren konnte, nach außen bringen oder „deponieren" konnte, vielleicht nur als „Zwischenlagerung", um es zu gegebener Zeit einmal mit einem vertrauten Menschen zu teilen. Und das tut sie, indem sie von ihrem Erlebnis erzählt. An diesem Beispiel wird besonders gut deutlich, wie sich innen und außen verschränken, wie es eine Resonanz gibt – die normale Trennung zwischen diesen beiden Wirklichkeiten ist überbrückt. Engel haben an beiden Seiten Anteil.

Oft steht bei einer Engelerfahrung auch der „Auftrag der Verarbeitung" im Zentrum. Eine Frau in mittleren Jahren erzählt, wie sie die Trennung von ihrem Mann verarbeitet hat:

„Mein Engel hat mich eine ganze Strecke in meinem Leben begleitet. Ich weiß nicht, wie ich das allein geschafft hätte. Die Trennung von meinem Mann hätte ich ohne meinen Engel bestimmt nicht so ausgehalten. In manchen Zeiten habe ich jeden Abend mit meinem Schutzengel geredet, manchmal richtig laut. Ich habe ihn angefleht und mit ihm gehadert, immer wieder wollte ich wissen: ‚Warum ich?' – ‚Warum jetzt in meinem Alter?' Manchmal kam einfach nur Schweigen, aber oft – und vor allem, wenn ich nur noch Dunkelheit sah – dann war es, wie wenn sich eine warme Hand in meinen Nacken legte. So ähnlich, wie wenn eine Mutter ihrem Baby das Köpfchen hält. Dieses Gefühl hatte ich mehrmals. Irgendwie wußte ich, das hat was mit Durchhalten zu tun und mit Getröstetwerden. Ich wußte immer, wenn ich ins Bett gehe, vielleicht kommt er heute wieder. Das war so ein sicheres Gefühl – da gibt's noch was für mich,

wenn alle Stricke reißen. Ich konnte das niemandem erzählen, mein Mann hätte so-
wieso gedacht: „Jetzt spinnt sie wirklich.""

Hier hat eine Frau ihren Engel wie eine begleitete Strecke ihres
Lebens erlebt. Er half ihr, in der Trennung zu leben und das
Schmerzliche dieses Lebensabschnittes auszuhalten, indem er ihr für
eine schwierige Übergangszeit eine Ersatzrealität ermöglichte. Verlassenwerden, Zeuge zu sein des Älterwerdens und des Rückzugs des
Lebens, das ist gewiß schwer auszuhalten. Das Leben läßt sich nicht
mit Autarkiebekundungen bewältigen. Weshalb sollte man dagegen
etwas einzuwenden haben, wenn Menschen sich Mut machen lassen?
Wenn Menschen in Ermangelung von Bezugspersonen Übergangs-
räume betreten, die das Leben wieder erträglicher machen? Nichts ist
dagegen einzuwenden, wenn solche Räume und Erfahrungen Realität
gewinnen.

Wie Engel erfahren werden

Wahrnehmung erschafft die Engel. Aber sie schafft sie nicht aus dem Nichts und nicht willkürlich. Jede Engelwahrnehmung vermittelt zwischen vorgegebenen und vorgefundenen Möglichkeiten und den jeweiligen zeit- und umständebedingten Phantasien. Und schließlich tut auch noch das Bewußtsein ein paar Zutaten dazu, wenn es einen Engel erkennt. Jeder, der Erlebnisse und Erfahrungen mit Engeln hat, gestaltet zugleich mit seiner Phantasie an ihnen mit. Es ist allerdings wenig sinnvoll zu fragen, ob nun die Wirklichkeit die Phantasie schafft oder die Phantasie die Wirklichkeit. Denn das eine läßt sich nicht vom anderen trennen. Das heißt, Engel sind nicht gegenwärtig, solange sie nicht auf irgendeine Art und Weise wahrgenommen werden. Sie beziehen sich auf uns als diejenigen, die sie wahrnehmen. Wenn also ein Mensch „Engel" sagt, wird das, was er erlebt, zum Engel. Wir leben von unseren Bildern.

Je mehr man sich aber mit Engelerfahrungen befaßt, um so mehr entdeckt man gewisse Elemente, die in Variationen immer wiederkehren: Es sind Gefühle von Geborgenheit und Leichtigkeit, Harmonie und Einklang. Dies hängt gewiß mit der menschlichen Urerfahrung zusammen, daß es einmal eine lebensfördernde Hülle von Ruhe, Befriedigung und Sicherheit gab. Die Engelerfahrungen rufen diese Gefühle wieder hervor und beziehen sich unbewußt auf dieses urszenische Muster. Das wache Bewußtsein deutet solche Erfahrungen dann als ungewöhnlich oder übernatürlich. Vermutlich gründet auch die Gewißheit, mit der Menschen von Engelerfahrungen sprechen, in diesem ursprünglichen Erleben. Und eigentlich kommt es für den Zusammenhalt unserer Seele und unseres Gleichgewichts nicht darauf an, ob solche Wahrnehmungen wirklich „real" sind.

In welcher Gestalt Engel erscheinen, hängt ganz von dem ästhetischen Empfinden des einzelnen ab. Es gilt der Satz Goethes: „Wär' … nicht das Auge sonnenhaft, die Sonne könnt' … es nicht erblicken." Das heißt, die Schönheit der Engel bildet sich im Auge des Wahrnehmenden. Seine Möglichkeiten und Grenzen der Wahrnehmung, seine Erfahrungsstrukturen, seine Emotionen fließen ein in die Wertqualitäten der Engel. Kurzum: Was schön ist an den Engeln, kann man nur am Wahrnehmenden selbst ablesen. Das macht folgendes Erlebnis einer jungen Mutter anschaulich: *Sie ist mitten in der Hausarbeit und schon ziemlich erschöpft vom Putzen und Aufräumen. Wie zufällig streift ihr Blick einen Engel aus Ton, der in der Glasvitrine im Wohnzimmer steht. Und plötzlich beginnt sie einen inneren Dialog mit ihm: „Ist es jetzt wirklich so wichtig, daß ich alle Fenster putze, oder braucht mich mein Sohn jetzt mehr? Er hat es doch so gerne, wenn ich ihm den Rücken massiere. Aber eigentlich möchte ich doch fertig werden mit meiner Arbeit, außerdem bin ich so müde." Schließlich entscheidet sie sich doch, den Kleinen zu massieren. Immer wieder muß sie auf ihren Ton-Engel schauen. Allmählich verändert sich ihre Wahrnehmung und ihre Stimmung. Eine stille Freude kommt in ihr auf, die Erschöpfung ist wie weggeblasen. Der Engel hat in ihr etwas zum Schwingen gebracht. „Er hat mich an das Beste in mir erinnert", sagt sie.*

Manchmal ist es auch ein Satz, der wie ein Geschenk von einem Engel erlebt wird und die Wahrnehmung verwandelt. *Eine Frau, die eine schwere Krise mir ihrer Freundin durchmachte, hat folgendes erlebt: Auf einer Strandwanderung versuchten sie, sich auszusprechen. Die Mauern zwischen ihnen wuchsen aber immer mehr. Plötzlich sah sie eine Möwe vorbeifliegen und erinnerte sich an einen Satz, den sie irgendwo einmal gehört hatte: „Mach dein Herz auf!" Tief berührt dankte sie ihrem Engel, der sie an diese Worte erinnert hatte. Sie konnte sich nun anders auf ihre Freundin einlassen.*

Engel und Harmonie gehören für viele Menschen zusammen. Harmonie hat zu tun mit wohlklingenden, leisen Tönen, von denen immer wieder die Rede ist, wenn Menschen von Engeln sprechen. Hierin zeigt sich, wie solche Engelerfahrungen auch die Einsicht eröffnen, welche Bedingungen wir brauchen, um Harmonie zu erleben. Wir erkunden darin, wie wir unsere Kräfte des Wissens, Fühlens und Erkennens vereinen können. Und das bedeutet schließlich auch, daß wir Erfüllung und Sinn nahe kommen.

Verbinden Menschen ihre Engelerfahrungen mit Schönheit und Harmonie, so wird damit auch eine bestimmte Sensibilität für die Vorstellung der „guten Erfahrung" deutlich. Engelerfahrungen sind immer „gute Erfahrungen". Einer ganz bestimmten Engeleigenschaft entspricht eine darauf abgestimmte Wahrnehmungsgabe. Engel verweisen immer auf die vertikale Dimension. Und das bedeutet, daß in den Engeln immer auch die Vorstellung mitschwingt, durch etwas Höheres bewahrt zu werden. Ohne diesen Verweisungscharakter auf eine höhere Bewahrung wären die Engel verfügbare Glücksbringer oder Fetische. Wir erleben als Menschen, daß wir vom Ganzen getrennt sind. Dennoch glauben wir an das Bewahrende, Gute, das auf diese andere Dimension der Wirklichkeit verweist. Engelerfahrungen würden nur noch banal sein, wenn wir diese Ausrichtung nicht wahrnehmen würden. Erst wenn unsere Sinne dafür offen sind, diese Bewahrung auf einer höheren Ebene wahrzunehmen, kann es zu Engelerfahrungen kommen. Um mit Friedrich Schleiermacher zu reden, Engel sind eine „Versinnlichung der Vorstellung von höherer Bewahrung".

Berichte von Engelbegegnungen haben noch etwas gemeinsam: Sie haben nichts mit einer institutionalisierten Religion, mit Dogma oder Kult zu tun. Sie ereignen sich meist plötzlich, für den einzelnen überraschend und wie von selbst, einhergehend mit dem Gefühl, etwas Überwältigendem, Ehrfurchteinflößendem zu begegnen.

Eine Klientin hat mir erzählt, wie sie eine Engelbegegnung erlebt hat. Darin wird das Augenblickhafte besonders anschaulich:

Die noch junge Frau hatte ein Alkoholproblem, und eines Abends, als sie wieder mit sich rang und schon im Begriff war, eine Flasche zu öffnen, vernahm sie plötzlich eine Stimme, die ganz deutlich und autoritär befahl: „Hände weg!" Dieses Ereignis war für sie derart heftig, daß sie es als eine „Explosion" bezeichnete. Solche Emotionen, die auf diese explosive Art kommen, hinterlassen meist tiefe Spuren und sind besonders geeignet, Neuordnungen im Leben anzubahnen — was dieser Frau auch gelang. Sie trank seither nicht mehr.

Entscheidend für diese Frau war nicht, wie ihr Engel aussah oder ob es ihn objektiv gab, sondern entscheidend war das, was er ihr mitteilte. Wichtig war der Widerhall, den er in ihr gefunden hat. Hier sprach eine Stimme aus der Tiefe ihres eigenen Seins, aus ihrem Wesen heraus, die sie aufforderte, dem Leben zuzuhören: zu leben statt sich „wegzumachen", sich zu befreien statt sich abhängig zu machen.

Zahllose Menschen bezeugen, daß sie in der Stille ihren Engel hören können. Wenn sie den Weg zu dieser Stimme finden oder wenn sie erleben, daß diese Stimme den Weg zu ihnen findet und sie sich dem bis dahin Ungehörten und Ungelebten öffnen, offenbaren sich heilende Kräfte. Menschen entdecken, und wenn es nur für einen Augenblick ist, ein Stück Paradies hinter dem Getrenntsein, einen Schimmer von Erfüllung. Gemeint ist hier ein Wissen, das jenseits des Rationalen liegt, ein Wissen mit dem Herzen. Die Orte, an denen sich Menschen Engel offenbaren, sind deshalb von besonderer Bedeutung. In ihnen drückt sich etwas Intimes, für manche fast „Heiliges" aus. Der heilige Raum, die heilige Zeit unterscheiden sich als verdichteter, konzentrierter Raum und als gefüllte, erfüllte Zeit von anderen Lebensräumen und -zeiten. Solche heilige Zeit, solcher heilige Raum, kann unterschiedlich erfahren werden.

Eine 26jährige Kunststudentin erzählt von ihrer Erfahrung: *Sie war zu einem Fest im Freien eingeladen. Es wurde getrommelt und getanzt. „Für mich war alles eins, die Schläge der Trommel, das Tanzen, mein Körper, der Himmel, die Bäume, die Berge im Hintergrund. Alles verschmolz zu einem wirbelnden Kreis, der die Illusion zunichte machte, die Bewegung sei irgendwie geordnet und zielgerichtet. Es war zeitlos, endlos, als ob es niemals vorbei sein könnte."* Eine Hausfrau, die einen Sonntagnachmittag allein verbrachte, beschreibt dieses besondere Erleben so: *„Ich lag am Waldrand auf einer Bank und schaute einfach in den Himmel. Ich muß wohl eingeschlafen sein. Als ich wieder erwachte und noch so ein bißchen in Trance war, hatte ich plötzlich das Gefühl, ich würde mit allem, was mich umgibt, verschmelzen. Der Himmel umhüllte mich wie eine riesige*

Fruchtblase. Ich war total aufgehoben, es gab weder die Zeit noch den Raum. Ich war verbunden mit dem ganzen Kosmos, mit den Sternen, dem Meer, den Pflanzen — es war alles eins. Ein traumhafter, himmlischer Zustand. Ich fühlte mich danach ganz leicht und transparent. Als ich nach Hause kam, sagten meine Kinder nur: ‚Mama, was ist denn mit dir passiert?' Ich war wie umgekrempelt — wie neugeboren."

Weil Menschen bei solchen Erfahrungen ganz bei sich sind in einem Raum und einer Zeit, die dem Zugriff der Wirklichkeit entzogen sind, entsteht eine große Dichte des Erlebens. Sie ist vergleichbar dem hingebungsvollen Spiel von Kindern: Man erlebt diesen Zustand als konzentriert, vertieft, innig und ganz intim. Solche Räume können das eigene Zimmer, das eigene Bett, ein bestimmter Baum, eine Stelle am Meer oder einfach die Bank an einer Waldlichtung sein. Offenbar findet sich an diesen Geborgenheitsorten sowohl eine Verdichtung wie auch eine Raumerweiterung. Es kann sich Neues eröffnen in der Dichte des Erlebens. Solche Räume sind ein wichtiger Ausgleich zur herrschenden Hektik des Alltags.

Und so lassen sich sämtliche Erlebensqualitäten, die Menschen mit Engeln verbinden, auf einen Punkt bringen: Wenn Menschen Engeln begegnen, fühlen sie sich aufgehoben und sind ganz bei sich selbst.

■ ■ ■

Die Anwesenheit von Engeln empfinden

Engelbegegnungen scheinen immer unmittelbar zu sein, ihre Gegenwart wird empfunden und oft mit den Worten umschrieben: „Da war etwas" oder „Da ist etwas". Diese Umschreibungen zeigen schon, daß es schwierig ist, die Erfahrung der Anwesenheit in Worte zu fassen. Sie klingen vage und diffus. Fast scheint es, als würde die Sprache zugleich das verstellen, wovon sie spricht. Oder als gebe es keine angemessene Sprache, die dem, was Engel sind oder tun, gerecht werden kann. Offenbar bleibt der Raum, in dem sich Engel bewegen, der Sprache entzogen. Sie befinden sich im vorsprachlichen Bereich. Und so kann man sich allenfalls poetisch, bildnerisch oder musikalisch ausdrücken, wenn man eine Engelerfahrung mitteilen möchte. Die Engelbilder der Kunst fassen dies ins Bild, die Dichtung findet ihre eigenen Sprachbilder, die an die Resonanzfähigkeit des Hörenden und Betrachtenden appellieren. Ihr Ausdruck reicht weiter und tiefer als irgendeiner der Sinne, mit denen wir unsere äußere Wirklichkeit entdecken. Es ist sozusagen eine außersinnliche Wahrnehmung.

Hiermit stoßen wir auf den Kern dessen, was das Engelerleben ausmacht. Wir können zwar über die Engel reden und mit ihrer Präsenz rechnen, aber sie haben ihren Ort im Versteckten, Verborgenen, manchmal im Verdrängten oder im Vergessenen. Wie die Luft oder den Wind spüren wir ihre unsichtbare Gegenwart, hören sie in den Lauten der Natur oder sehen sie in den Gesichtern unserer Mitmenschen. Engel bewegen sich in dem Raum vor der Sprache auf der Grenze zwischen dem Erleben und der sprachlichen Benennung des Erlebten. Das Reich der Engel ist das nicht-sprachliche Bewußtsein, der nicht-begrifflich fundierte Sinn. Engel sprechen eine Sprache jenseits der Worte. Sie teilen sich atmosphärisch mit und verweisen auf unsere verschiedenen Sinne – in Bildern, Formen, Klängen, Gerüchen und Bewegungen. Die Sprache der Engel läßt sich zwar mit der Verbalsprache verbinden, sie bleibt aber dennoch Sprache in eigenem Recht und mit eigenem Anspruch. Psychologisch-therapeutische Konzepte sprechen hier von den Dimensionen des „sprachlosen Raumes", vom „stummen Sinn" und von „Daseinsgewißheit".

Wenn Menschen von Engeln sprechen, ist ihre Sprache gefühlsgetönt, eher scheu oder leise, als würde ein zu lautes Reden die Engel vertreiben oder ein genaues Hinterfragen ihren Zauber zerstören. Tauschen sich Menschen über ihre Engelerfahrungen aus, so geschieht dies immer aus einer unmittelbaren Berührtheit heraus. Diese Erfahrung des Miteinander- und des Angenommenseins kann dann am ehesten mit der Sprache der Zärtlichkeit eingefangen werden. Engel kann man nicht definieren, erklären oder festmachen, man muß sie erleben. Solche Erlebnisse werden fast wie etwas Heiliges behandelt. Es ist die Erfahrung eines gesteigerten Lebens in Glück und Leid. Es sind Erlebnisse, in denen Lebenskrisen überwunden oder Grenzen überschritten wurden. Immer wieder heißt es von Engeln: „Man muß sie erfahren." Und über ihre Wirkung gibt es verschiedene Redeweisen. Manche erleben sie als versichernde Berührung: „Keine Angst, du bist nicht allein. Dir kann nichts passieren, ich bin bei dir." Andere sprechen von ihren guten Blicken, die sagen: „Ich erkenne dich und nehme dich an, so wie du bist." Und für viele ist das Ohr das Sinnesorgan, in dem sich Atmosphären artikulieren, die das Unsagbare einfangen: „Ich höre dich, und ich verstehe dich." Was zählt, sind die Erfahrungen, die man mit den Engeln macht. Sie strahlen aus, vermitteln Sinn und heiligen die oft mühsamen Strecken des Alltags. Menschen sagen, sie hätten sich durch solche Engelerfahrungen angenommen und gesehen gefühlt, sie seien durch solche Erfahrungen gesundet oder zumindest hinweggetröstet worden über langwierige Alltagsstrecken. Diese Empfindungen und Gefühle sind für die, die sie haben, genauso überzeugend wie jede andere sinnliche Erfahrung. Oft sind sie sogar überzeugender als vernünftige Schlußfolgerungen. In ihnen offenbart sich eine Art von Realität, die kein Gegenargument entkräften kann. Ihre Bedeutung erweist sich auf einer existentiellen Ebene, in einer Tiefe von Verbundenheit und unmittelbarem Erleben, das mit einem tiefen Vertrauen oder Glauben gepaart ist. Das zeigt die Aussage einer alkoholkranken Frau: *„Wenn ich nicht diese Sternstunden mit meinem Engel gehabt hätte, wäre ich in der Zeit meines Alkoholentzuges sicher verrückt geworden. Es war, als wenn immer wieder ein Stern aufgeleuchtet hätte, gerade wenn es bei mir stockdunkel war."*

Oft wird behauptet, nur wer an Engel glaubt, vermag sie auch zu erfahren. Dagegen spricht aber ein Bericht eines Mannes, der sich als rationaler, vernunftgeleiteter Menschen versteht und nie etwas mit Engeln im Sinn hatte:

„Ich ging abends nochmals in mein Labor und hatte plötzlich das Gefühl, mich berührt jemand am Arm. Erst dachte ich an Halluzination und versuchte dieses Gefühl abzuschütteln. Ich versuchte mich auf meine Arbeit zu konzentrieren, da tauchte dieses eigenartige Gefühl wieder auf. Es war, als wäre etwas im Raum neben mir. Nach dem ersten Erschrecken überkam mich ein tiefes Gefühl von Ruhe und Frieden. Ich wußte, ich hatte die Gegenwart eines mächtig ausstrahlenden Wesens erlebt. Es war kein Traum, sondern ganz wirklich."

Dieser Mann spricht nicht ausdrücklich von einem Engel. Er hatte auch bisher wenig Berührung mit Engelmotiven oder -bildern und glaubte auch nicht „an so etwas". Diese Erscheinung in dieser Situation würden andere Menschen als Engelbegegnung identifizieren, weil sie solche Erfahrungen aufgrund ihrer kulturellen oder religiösen Kenntnis so benennen. Es geschieht oft, daß Menschen eine deutlich wahrnehmbare Gegenwart im Raum spüren, die sie sogar genau lokalisieren können. Es ist eine Gegenwart, die sich ihnen in besonderer Weise zuwendet, die sie sogar körperlich spüren. Für jemanden, der in seiner Lebensgeschichte eine Vorstellung von Engeln übermittelt bekam, verdichtet sich eine solche Begegnung zu einer Engelerfahrung. Wie wir Engel erfahren oder ob wir eine bestimmte Wahrnehmung als Engelbegegnung bezeichnen, hängt also auch mit den Prägungen zusammen, die wir von unserer Kultur erhalten haben. Engel werden innerhalb einer konkreten Kultur und Sozialgemeinschaft sowie deren Sprach- und Denkgewohnheiten zur Sprache gebracht.

Engelerfahrungen werden oft als Zustände erlebt, bei denen seelisches und leibliches Erleben eng verschlungen sind. Sie gehen meist Hand in Hand mit körperlichen Signalen: Man spricht vom Überrieseltwerden, vom heiligen Schauer, von einem erfüllenden und Ganzheit vermittelnden Gefühl, vom Jauchzen des Glücks, vom Berührtsein oder Berührtwerden. Sätze wie „mir wurde der Rücken gestärkt", „als hätte eine Hand mich berührt", „ich fühlte es zwischen den Schulterblättern", „es erinnerte mich an das rhythmische Wiegen eines Kindes", „ich fühlte mich getragen", „ich fühlte mich gehalten", „wie aufgehoben" machen deutlich, daß auch der Körper ganz unmittelbar beteiligt ist. Erlebnisse mit Engeln haben offensichtlich eine Qualität, die den ganzen Menschen betrifft und die höchst persönlich ist. Sie werden als erfüllend beschrieben und rühren mehr an den Fundamenten des Daseins als jede normale lustvolle Wahrnehmung. Eine Musikerin beschrieb ihr Erlebnis so:

„Dieses Erlebnis übertraf alles, was ich bisher erlebt hatte. Am ehesten ist es vergleichbar mit meinen musikalischen Erlebnissen, wenn ich mit jemandem zusammenspiele und wir so richtig eins sind. Aber dieses Erlebnis hatte mit einem vielleicht noch tieferen Gewahrsein von etwas grundsätzlich Gutem zu tun, deswegen übersteigt es alles, was ich bisher kannte."

Wenn Menschen über Engel sprechen, so geschieht dies immer aus dem ganz unmittelbar Erlebten heraus. Daher rührt auch die Intensität ihres Sprechens. Als Zuhörer spürt man unmittelbar, hier spricht jemand aus direkter Berührtheit. Es handelt sich immer um punktuelle Erfahrungen, die aus dem Strom des üblichen Erlebens herausragen und eine äußerste Dichte im Erleben aufweisen. Sie haben etwas Grundsätzliches, Erfüllendes, etwas, das für einen Moment das Gefühl der Ganzheit vermittelt, und sich deswegen auch tief ins Gedächtnis einschreibt. Und sie beziehen sich immer irgendwie auf die schutzbedürftigen Anteile einer Person. Die folgenden Aussagen machen dies deutlich:

„*Ich konnte wieder mal nicht einschlafen, weil mich die Sorgen um meine beruf-
liche Zukunft plagten. Ich warf mich im Bett hin und her, und da war plötzlich wieder dieses vertraute Gefühl, fast so als würde eine Stimme zu mir sagen: ‚Keine Sorge,
für dich ist schon gesorgt.‘ Bis in meine tiefsten Zellen hinein fühlte ich mich wie elek-
trisiert, wie wenn ein leichter Strom durch meinen Körper fließen würde.*"

Und eine andere Erfahrung von einer 64jährigen Frau, die sich als
„nicht-religiös" bezeichnet: „*Ich war in einer heftigen Diskussion und wurde
ziemlich attackiert. Ich zitterte innerlich und wäre am liebsten geflohen. In dem Moment, als ich das Gefühl hatte, ‚jetzt ist alles aus‘, versuchte ich tief in meinen Bauch
zu atmen und dachte nur eines: ‚Hilf mir doch jemand.‘ Die Menschen um mich
herum verblaßten, und ich nahm plötzlich so etwas wie einen Lichtstrom in mir wahr,
der mir eine unbeschreibliche Wärme und innere Ruhe gab. Und ich hörte mich wie
von weit sprechen, ganz deutlich, klar und ohne Angst. Das muß wohl mein
Schutzengel gewesen sein. Ich kenne mich nicht genug aus, wie man so etwas beschreibt.*"

Bei manchen drücken sich solche Erfahrungen aus, wie wenn sie
von etwas ihnen „Heiligem" sprechen:

„*Fast schäme ich mich, darüber zu sprechen, weil die anderen das kindisch finden
könnten. Aber für mich sind diese Empfindungen fast wie heilig. Immer wieder erlebe ich, wie ich diese Gegenwart um mich herum spüre, manchmal ein Zustand, wie
wenn ich mich im Meer treiben lassen würde, dann wieder wie etwas, das mich auf
den Armen trägt. Aber immer ganz sanft.*"

In allen drei geschilderten Situationen wird ganz anschaulich, wie
plötzlich das Gefühl des Schutzes aufkommt, des Getragenseins und
der sinnlichen Wahrnehmung: Da ist etwas, das zu mir spricht, das
ich sehe, das mich trägt.

Wenn jemand die Gegenwart von Engeln spürt, so sind sie für
sein Leben derart intim und bestimmend, daß, selbst wenn die Worte
dem Erleben nicht gewachsen sind, doch eine Empfindung bleibt, die
das Leben nachhaltig beeinflußt. Mit rationalen Argumenten kann
man solchem Erleben nicht begegnen, zumal die Betroffenen etwas
fühlen, von dem sie oft sagen „etwas in mir weiß absolut, daß es so
war". Mit der Intimität des Erlebten hängt auch das Zögern zusam-

men, über solche Erlebnisse Auskunft zu geben. Meist sind diese Auskünfte nur engen Vertrauten vorbehalten, und man spürt, daß sie zur gehüteten Intimsphäre gehören. Eine Mitteilung über sie wird als Selbstenthüllung oder gar als Selbstpreisgabe empfunden, die immer in der Gefahr steht, beschämt oder lächerlich gemacht zu werden. Selbst berühmte Clowns sind nicht befreit von den Gefahren der Selbstenthüllung. So äußerte sich der Schweizer Clown Dimitri: *„Für mich ist es klar, daß es Engel gibt, das ist eine Tatsache für mich. Nur, wenn man heute sagt, man glaube an Engel, dann erntet man vielleicht ein spöttisches oder mitleidiges Lächeln — oder aber jemand glaubt auch daran."*

BESONDERE SITUATIONEN, IN DENEN ENGEL ERSCHEINEN

Schlüsselerlebnisse

Es gibt Menschen, die schon von Kindesbeinen an mit ihren Schutzengeln leben. Für sie gehört der Umgang mit den Schutzengeln zu ihrem ganz realen Alltag. Ein bekanntes Beispiel dafür ist die französische Kinderanalytikerin Françoise Dolto, die in ihren „Erinnerungen an die Kindheit" beschreibt, wie ihr Schutzengel ihr in ihren Kindheitsnöten zu Hilfe kam und sie ein Leben lang nicht verlassen hatte. Auch als Erwachsene verkörpert er für sie eine tragende Schutzfigur, die ihr bis hin zu kleinen Alltagsproblemen, wie beispielsweise bei der Parkplatzsuche, immer zur Seite steht. Einen Hinweis liefert auch C. G. Jung in seiner Autobiographie. Als kleiner Junge schnitzte er sich ein Holzmännchen, das er oben auf dem Hausboden verbarg und das sein Geheimnis war. Für sein kindliches Sicherheitsgefühl war dieses Männchen, dem er Briefe schrieb und das er heimlich besuchte, höchst bedeutungsvoll. Auch wenn er es nicht ausdrücklich „Schutzengel" nannte, so entspricht sein Erleben doch in starkem Maße dem, was den Engelvorstellungen zugrunde liegt.

Bei vielen Erfahrungen handelt es sich eher um ein vages Gefühl „Vielleicht?", das sich durch bestimmte markante Erfahrungen allmählich in Gewißheit verwandelt. Dieser Prozeß wird deutlich im Erlebnis einer Klientin:

Die junge Frau machte einen Skiausflug, und beim Halt an der Raststätte fuhr der Reisebus ohne sie weiter, weil sie ein bißchen zuviel Zeit auf der Toilette verbracht hatte und niemand bemerkte, daß sie in der Reisegruppe fehlte. Schon nach kurzer Zeit wird sie von einem fremden Mann angesprochen, der sie fragt, ob er ihr irgendwie behilflich sein könne. Er hatte wohl gemerkt, daß sie ziemlich in Panik war. Sie erzählte ihm von ihrem Pech. Kurz entschlossen fuhr er mit ihr dem Bus hinterher, nach we-

nigen Kilometern hatten sie ihn eingeholt, und sie konnte wohlbehalten wieder in ihren Bus steigen. Als sie sich umsah, um sich zu bedanken, war der Mann verschwunden. Dies war für sie ein Schlüsselerlebnis, das ihren bis dahin vagen Glauben an Schutzengel zur Gewißheit werden ließ.

Begegnungen mit den Engeln geschehen in der Regel in typischen Grundsituationen.

Zum einen erscheinen sie in Augenblicken, in denen wir völlig eins werden mit uns selbst. So erzählte mir ein junger Mann von seinem Erlebnis, das er beim Schwimmen im Meer hatte:

Er ließ sich für einen Moment lang einfach nur vom Wasser tragen. In diesem völligen Vertrauen und Getragenwerden hatte er plötzlich die Vision eines Engels, der um ihn war.

Zum anderen erscheinen Engel in Augenblicken höchster Angst, in denen unser Geist aussetzt, weil er nicht begreifen kann, was geschieht. Diese beiden Zustände schaffen so etwas wie Momente der Ewigkeit, eine Überschreitung über uns hinaus und zugleich zu uns hin. Es sind gleichsam extreme Erfahrungen. In solchen Momenten weitet sich der Horizont der relativen Welt, und sonst Ungreifbares und Unvorstellbares kann erfaßbar werden.

Auch Kranksein und Heilung beschreiben ein Feld, die Menschen zu solchen Schlüsselerlebnissen führen. Immerhin glauben 31 % der deutschen Bevölkerung, daß es Wunderheilungen gibt, die auf das Eingreifen von Schutzengeln zurückzuführen sind. Wann immer rationale oder medizinische Erklärungen für eine Heilung nicht mehr greifen, liegt der Schluß nahe, daß hier nur die wundersame Wirkung eines Schutzengels am Werk gewesen sei. So berichtet ein Mann, daß er nach seinem Unfall „einmal kurz hinter den Vorhang geschaut hat" und seither weiß, daß es Schutzengel gibt. Oder ein anderer interpretiert die Tatsache, daß er noch lebt, so: „*Rein medizinisch gesehen müßte ich schon längst unter der Erde sein — da müssen Helfer am Werk gewesen sein, die jenseits von Raum und Zeit stehen. Anders kann ich mir das nicht erklären.*"

Engel können auch aus Engführungen herausführen und befreiend wirken. In meiner Praxis erlebe ich manchmal, daß sich Menschen wie befreit und beruhigt fühlen, wenn es ihnen gelungen ist, sich eine Schuld von der Seele zu reden oder endlich einer Wahrheit ins Gesicht zu schauen. Wenn es ihnen dann auch noch gelingt, alle Selbstvorwürfe loszulassen und aus der Erkenntnis ihrer Fehler Neuanfänge zu wagen, so sind dies häufig Schlüsselerlebnisse, die mit den Engeln in Verbindung gebracht werden. „Ich glaube, ein Engel hat mich hierhergeführt, daß ich das endlich einmal loswerden konnte", so die Aussage einer Klientin, die nach jahrelangem Schweigen „einen Vorhang öffnen" konnte, der sie bisher von der Welt trennte. Dieses starke Gefühl, endlich nicht mehr allein zu sein mit einer schweren Schuld, kann Mauern einreißen. Es entsteht eine neue Nähe zu den Mitmenschen, die Schleier fallen, und die Welt wird wieder farbig und lebendig. „Die Engel leben gerade in meinen Schwächen", drückte es eine Klientin zutreffend aus. Ich glaube, daß überall da, wo Menschen unter ihren Schwächen und Abgründen mit dem Guten in sich in Berührung kommen, auch die Engel ganz in der Nähe wohnen.

Allerdings sollten wir nicht allzu hohe Erwartungen an die Engel richten. Ihre Stimme ist oft leise, sie kommen oft unbemerkt. Die Sprache der Engel ist wohl eher die der Anmutungen, der Ahnungen und der tröstlichen Gefühle des Getragen- oder Begleitetseins. Ist man offen dafür, können sich Engel auf ganz alltägliche Weise äußern. Das folgende Erlebnis wurde mir von einer Klientin berichtet, die zwar für das Thema „Engel" sehr offen war, aber gerade auch wegen ihrer Erwartungshaltung auch ein ziemlich ambivalentes Verhältnis zu ihren Engeln hatte.

Eines Tages hatte sie im Restaurant eine Begegnung mit einer Kellnerin, die besonders liebenswürdig war. Überrascht über ihre ungewöhnliche Freundlichkeit, erfuhr sie von der Kellnerin: „Ich kann gar nicht anders, weil meine Schutzengel sonst mit mir ziemlich sauer wären." Neugierig geworden, wollte sie mehr von der Kellnerin erfahren. Diese erzählte ihr dann, daß sie schon von klein auf mit ihren Engeln ständig in Kontakt sei. Dann fügte sie mit einem verschmitzten Lächeln hinzu: „Und Ihre Schutzengel versuchen doch auch schon lange, Ihnen etwas mitzuteilen."

Sie wagte nicht, nachzufragen, was das sein könnte. Doch es war ein Schlüsselerlebnis für sie. Seit dieser Begegnung entwickelte sie eine gesteigerte Sensibilität für ihre inneren Wahrnehmungen und wurde viel hellhöriger für die kleinen Zeichen und Winke, mit denen sie immer wieder auf ihren Weg aufmerksam gemacht wurde.

Und schließlich geht es ja auch darum: offen zu werden für das, was der Alltag hinter seiner manchmal grauen Oberfläche für uns bereithält.

Krisen- und Grenzsituationen

Bisher war von Engelerfahrungen die Rede, die durch Schutz, Bewahrung, Orientierung gekennzeichnet waren oder auch das Prinzip „Not lehrt beten" versinnbildlichten. Gehen wir einen Schritt weiter und fragen: Was ist jenes Geheimnis, das Menschen, wenn sie von ihren Schutzengeln sprechen, unter gemeinsame Daseinsgründe stellt? Weshalb rücken Menschen einander näher, wenn sie sich über ihre Engelerfahrungen austauschen? Von hier aus läßt sich die Frage stellen, ob es eine besondere Sphäre der Beseelung oder Beziehung gibt, die Menschen mit ihren Engeln hervorbringen. Um diesem Geheimnis näherzukommen, möchte ich eine Situation beschreiben, die ich selbst erlebt habe:

Ich war Organistin eines Abendgottesdienstes, den die Pfarrerin mit Worten über die Engel abschloß. Sinngemäß lauteten sie in etwa so: „Dein Engel ist bei dir. Er behütet dich. Er ist da, wenn du lebst oder stirbst. Er ist dir nahe, wenn du schläfst; dann wacht er über dich." Es war erstaunlich, wie sich mit diesen Worten über die Engel plötzlich die Atmosphäre im Raum verwandelte. Es war, als wäre ein tiefer Friede eingekehrt. Ob wir an die Engel glaubten oder nicht, wir alle konnten in jenem Moment am eigenen Leib etwas von dem nachspüren, was es heißt, sich vertrauensvoll unter die Obhut der Engel zu stellen. Ich fühlte mich erinnert an Hänsel und Gretel, die nachts im Wald ihr Abendgebet sprechen. Kinder, die so beten können, die ihr Selbstsein, ihren Körper derart vertrauensvoll den Engeln anheimstellen, zeigen deutlicher als jede Kinderpsychologie, was Menschen für den Zusammenhalt ihres Selbst brauchen. Ähnlich wie Hänsel und Gretel fühlten wir uns und konnten getröstet durch diese einfachen Engelworte weitergehen in eine von „Engeln" behütete Nacht.

Es ist eindrucksvoll, daß Worte und Gedanken über die Engel die

Atmosphäre eines Raumes völlig verwandeln können. Was ist es, daß die Menschen heute nicht mehr nur glücklich, zufrieden oder gesund sein wollen, sondern in einer bestimmten Weise mehr wollen? Ist es die Erinnerung an eine Wahrheit, oder ist es eine illusionäre Forderung nach Geborgenheit und Ganzheit? Oder ist es so, daß die Welt durch solche Engelerfahrungen einfach leichter gemacht wird?

Die Situationen, in denen Menschen Engel erleben, sind die der „außergewöhnlichen Erfahrungen", der „besonderen Erfahrungen" oder der „Grenzerfahrungen". Für Menschen, denen Engel vielleicht bisher nur in Redensarten begegneten, sind besonders Unfälle, die als abrupte Einbrüche und Einschnitte erlebt werden, solche Augenblicke, wo die Engel zu einer Wirklichkeit werden, die ein ganzes Leben verändern können. Hier ein typisches Beispiel dafür, wie eine solche Grenzsituation markiert wird: *Eine Frau erlebte einen Autounfall, und der letzte Gedanke, der ihr durch den Kopf schoß, als ihr Auto frontal in ein anderes knallte, war: „Vielleicht erlebe ich jetzt einen Schutzengel." Sie sah zwar keinen Engel, aber ihr wurde durch dieses Erlebnis, das sie wie ein Wunder überlebte, schlagartig klar, daß ihr bisheriges Leben in vielerlei Hinsicht veränderungsbedürftig war. Dieses Gefühl, „das hätte mein Ende sein können" und die rasche und wundersame Rettung aus ihrer eingeklemmten Lage veränderten ihr altes Leben schlagartig. Sie gewann die Kraft, sich aus einer destruktiven Beziehung zu lösen, reduzierte ihr Arbeitspensum um ein Drittel und gönnte sich jeden Morgen einen Waldspaziergang, auf dem sie, wie sie sagte: „… meine Antennen nach oben ausrichte."*

Meist begegnen Menschen Engeln in Situationen, in denen sie sich allein und auf sich gestellt fühlen. Es sind Situationen, die weder berechenbar, machbar noch rational umzingelbar sind. Grenzsituationen, die nicht zweifelsfrei zuzuordnen sind, die sich den Besitzansprüchen von Begriffflichkeiten widersetzen. Deswegen sprechen Menschen davon in Bildern: „Mir sind die Augen geöffnet worden", „Ein Schleier fiel", „Über mir war eine Hand". Wie auch immer verstanden — im Engelerleben wurzelt die Kraft des Menschen zur Überschreitung der Grenzen seiner Wirklichkeit, der Transzendenz. Zwischen den Grenzen von Ich und Nicht-Ich, zwischen

Wachen und Träumen, zwischen Hoffnung und Sinndeutung sind die Engel angesiedelt.

Solche Krisensituationen, die an Grenzen führen, sind Augenblicke höchster innerer oder äußerer Not, wenn etwa die von anderen Menschen gegebene Geborgenheit plötzlich wegfällt, sei es durch Tod, Trennung oder Umzug. Oder wenn unser Bild von uns selbst einstürzt, weil wir zur Einsicht kommen, daß wir selbst teilhaben an unserem Scheitern, wenn wir den Kontakt zu sozialen Gruppen verlieren, die uns Halt geboten haben, oder wenn wir den Arbeitsplatz verlieren, der gestern noch so sicher schien: Solche Krisen können sich sogar ausweiten bis zu einem Gefühl vom „Niemandsland", in dem nur noch Leere, Verzweiflung und Sinnlosigkeit herrschen. An solchen Punkten gibt es im wesentlichen zwei Möglichkeiten des Verhaltens: Vermeiden oder Zulassen. Auffallend ist, daß Menschen Engel dann wahrnehmen, wenn sie ihre Not zulassen. Ein Beispiel dafür ist Martin Luther King, der als unerschrockener Kämpfer für die Rechte der Schwarzen in den USA ins Gefängnis gesperrt wurde und in den langen Nächten dort folgendes niederschrieb: *„Herr, ich glaube, daß ich für eine gerechte Sache kämpfte. Aber jetzt habe ich Angst. Ich habe den Punkt erreicht, wo ich es allein nicht mehr schaffe." In diesem Augenblick erlebte er die Gegenwart Gottes wie nie zuvor. Er hörte eine Stimme, die sagte: „Steh auf für die Gerechtigkeit! Steh auf für die Wahrheit! Und Gott wird immer auf deiner Seite sein!"* Seine Angst war fast augenblicklich verschwunden. Er war bereit, allem ins Auge zu sehen. Er sprach zwar nicht explizit von einem Engel, aber diese Stimme, die zu ihm aus seinem tiefsten Inneren sprach, kann man als seine Engelumschreibung deuten. Eine ermutigende Stimme, die als von außen kommend erlebt wird, wird zum „Engel". Das Hören einer Stimme in der Stille wird von vielen Menschen bezeugt. Natürlich ist das eine Metapher und nicht etwa eine Stimme, wie beispielsweise der Sprecher im Fernsehen, sondern eine innere Stimme mit einem darum nicht weniger großen Realitätswert. Manche nennen sie ihr „höheres Selbst", „Gott" oder „mein tiefstes Selbst". Wie die Stimmen auch benannt werden, sie werden von Menschen gehört, die durch das Wirken innerer Gewißheiten oder Überzeugungen Widerhall dafür finden. Das kann sich auch in einem ganz besonderen Körpergefühl äußern. Eine Sozialarbeiterin berichtet davon: *„Es ist schwer zu beschreiben, ich habe auch nie darüber gelesen. Aber es war, als würde sich mein Körper ausdehnen. Wie ein Weltall fühlte er sich an. Es war, als wollte sich etwas in mir ausdehnen — vielleicht war es mein innerer Kern, der sich entwickeln wollte. Ich habe lange gebraucht, um dieses Erlebnis zu verdauen. Ich muß immer wieder daran denken. Das war so ganz anders als all das, was ich bisher erlebt hatte."*

Aufschreie aus der Einsamkeit scheinen das Eingreifen von Engeln anzuziehen. Vielleicht ist dies so, weil Menschen sich erst in der Konfrontation mit der abgrundtiefen Einsamkeit als das zu erkennen geben, was sie wirklich sind: zerbrechliche Wesen, die sich auf unsicherem Grund bewegen und in Gefahr sind, sich selbst zu entgleiten. So berichtete mir eine Klientin von folgender Erfahrung, die sie in der Tiefe ihrer Einsamkeit machte: *„Seit Tagen hatte ich kaum mehr etwas gegessen, vergeblich klammerte ich mich an irgendwelche Bücher, hörte Radio. Mein Leben erschien mir düster und menschenleer. Ich konnte mir überhaupt nicht vorstellen, wie mein Leben allein weitergehen würde. Mein Leben von früher schien mir so reich und voll, und nun öffnete sich ein Abgrund vor mir, in dem ich allein leben mußte ... Während ich so auf meinem Bett saß, spürte ich etwas Großes und Mächtiges in meiner Nähe. Ich fragte und schrie: ,Kannst du mir helfen?' Plötzlich fühlte ich so etwas wie Sonnenstrahlen, obwohl mein Raum dunkel war. Wie eine Welle ergriff mich ein Vertrauen, das ich in diesem Ausmaß noch nie gespürt habe. Ich wußte plötzlich, ich werde es schaffen."*

Engel werden immer dort relevant, wo es um existentielle Fragen des Getrenntseins geht: ob das nun die Trennung von Menschen ist, von Gott oder die Trennung von eigenen Hoffnungen, Wünschen und Sehnsüchten. Das Erkennen der eigenen Gebrochenheit oder Fremdheit lockt die Engel hervor. Menschen brauchen „Geländer" beziehungsweise „Großes", „Mächtiges", an dem sie sich in Krisensituationen festhalten können. Die Engelerfahrung dieser Frau bewirkte, daß sie sich umfangen und gehalten fühlte, daß sie „es schafft". Man könnte sagen, daß dieses Gehaltenwerden ein Wunder ist, das uns die Seele schenkt. Denn auch als Erwachsene erleben viele, daß der Zusammenhalt ihres Selbst keineswegs selbstverständlich gewährleistet ist. Ganz zu werden ist ein lebenslänglicher Prozeß. Eine ältere Frau sagte zu mir: *„Es gibt Geheimnisse in mir, die weiß nur mein Engel. Ich glaube, ich wäre zerbrochen, wenn ich nicht wüßte, daß sie irgendwo gut aufgehoben sind."* Sie beschreibt genau diesen Zusammenhalt des Selbst. Sie vergewissert sich ihres Selbstseins, indem sie das, was sie zu Boden drücken oder zerreißen würde, bei ihrem Engel aufgehoben weiß. Das heißt auch: Engel bewirken, daß Menschen ihre Einsamkeit nicht als total empfinden. Sie schaffen im Erleben der Menschen Verbindung, wo vorher Trennung war. Ein Mann beschreibt das so: *„Selbst wenn ich niedergeschlagen bin und bis über beide Ohren im Schlamm stecke, weiß ich, daß mich jemand da draußen mit fürsorglichen Gedanken umgibt und mir die nötigen Lektionen erteilt. Das müssen nicht immer angenehme Lektionen sein, aber ich weiß, da gibt es etwas, da wartet etwas auf mich — etwas, das mich meint."*

Eine ähnliche Erfahrung schilderte eine Studentin, die ihr Leben darauf baute, daß sie eine große Erbschaft von ihrem reichen Patenonkel erwartete: *„Für mich brach eine Welt zusammen, als ich erfuhr, daß mein Onkel mich enterbte, weil ich einer politischen Gruppe beigetreten war, die er radikal ablehnte. Ich war von einem auf den anderen Tag völlig auf mich gestellt. Ich mußte einen Beruf erlernen, der mich ernähren konnte, statt Jazzmusikerin zu werden, wie ich mir das so angenehm ausgemalt hatte. Ich begann Jura zu studieren, und lernte wirklich zu arbeiten, mich für mich selbst einzusetzen. Heute kann ich nur sagen, dieser Schicksalsschlag hat mich wahrhaftig zu mir selbst geführt. Ohne diese harte Lektion von oben wäre ich nie das geworden, was ich heute bin. Ich glaube fest daran, daß das kein Zufall, sondern ein Wink von oben war."*

Ein Drehbuchautor, der als sehr vielversprechend galt und schon einige Preise gewonnen hatte, war der Meinung, daß gerade Erfolge solche Grenzerfahrungen nach sich ziehen: *„Mein neues Drehbuch war fast fertig, und ich buchte schon eine Südseereise, um mich von den schweißtreibenden Schreibstrapazen zu erholen. Ich mußte zwar das Geld dafür leihen, aber ich war so sicher, daß der ersehnte Scheck eintreffen würde, weil dieses Manuskript mein abso-*

luter ‚Knüller' war ... Mir blieb fast das Herz stehen, als ich nach meiner Rückkehr ein Päckchen vorfand mit dem zurückgesandten Manuskript und einem vernichtenden Begleitschreiben, das mir fast den Boden unter den Füßen wegriß ... Was blieb, ich mußte meine Brötchen an der Rezeption eines Hotels verdienen, wo sogar hin und wieder Kollegen von mir abstiegen, die mich ziemlich entgeistert anstarrten. Im Rückblick kann ich nur sagen, dieser Absturz hat mein Leben gerettet ... Dieser Brief hat mich von meinem Höhenflug zurückgeholt und ein paar Wahrheiten ausgesprochen, die ich mir niemals hätte selbst sagen können. Heute unterrichte ich junge Autoren, und für manche bin ich selbst so etwas wie ein ‚Lebensretter' geworden."

Alle diese Grenzerfahrungen bringen zum Ausdruck: „Ich hatte offenbar genügend von dieser Engelwelt in mir, daß ich überlebt habe."

Begleitung beim Sterben

In einem Bibelpsalm heißt es: „Gott hat seinen Engeln befohlen, daß sie dich behüten auf allen deinen Wegen." Die jüdische Überlieferung erzählt, daß der Mensch in der Zeit zwischen der Empfängnis bis zu seiner Geburt das ganze Geschehen der Welt erfährt, er hat es in sich und mit sich. Der Engel aber, der den Menschen über die Brücke vom Jenseits ins Diesseits geleitet und dem Menschen dies alles zeigt, läßt ihn durch eine Berührung der Oberlippe alles wieder vergessen. Deswegen, so die Überlieferung, haben alle Menschen ein Grübchen auf der Oberlippe. Bewußt weiß der Mensch gar nichts mehr, und würde er das alles wissen, könnte er es doch nicht glauben. Das ist eine Botschaft dieser Geschichte. Und deswegen verbringt er sein Erdenleben damit, zu fragen, wo sein Woher und sein Wohin sei. Zugleich liegt darin aber die Aufgabe des Menschen, zu lieben, zu hoffen und zu fragen, um sich wieder zu erinnern.

Der Tod schließlich markiert den Übergang schlechthin. Wenn Menschen sich dem Ende ihres Lebens nähern oder wenn Menschen aus ihrer Umgebung vom Tod genommen werden, werden elementare Fragen wichtig. Wo komme ich her? Wo gehe ich hin? Wer oder was wohnt hinter dem Horizont? An der Grenze des Lebens wird vielen bewußt, daß sich das Spannungsgefüge von Leben und Sterben nur aus der Perspektive eines Ortes, der jenseits unserer Wirklichkeitserfahrung liegt, in einen sinnvollen Zusammenhang bringen läßt. Was beim Tod ungewiß ist und angst macht, ist der Übergang zum Tod, das „Wie" des Todes. Um das Unvermeidliche innerlich annehmen zu können, sind die Engel, die sich die Menschen am Ende ihres Lebens wünschen, Begleiter, die die tröstliche Perspektive der Jenseitigkeit verkörpern. An der Grenze zwischen Leben und Sterben benötigen Menschen viel mehr, als sie es in ihrem Leben vielleicht ahnen konnten, ein Geborgenheitswissen, das nicht nur das Ende, sondern auch Krankheit und Schmerz in einem tieferen Sinn begreifen und annehmen läßt. Eine alte Frau drückte es so aus: *„Ich wünsche mir von meinem Todesengel, daß er mir hilft, dieses ,Dein Wille geschehe und nicht der meine' mutig anzunehmen."*

Angesichts des Todes wird der Engel für viele Menschen wieder ein ansprechbares Wesen, ein Du, dessen Anwesenheit und Begleitung einer tröstenden, haltenden Mutter entspricht. An der Schwelle des Todes erscheint der Todesengel den einen fremd, bedrohlich und furchterregend, den anderen ernst und streng oder auch liebevoll, schön und gütig. Das hängt damit zusammen, was man von der Rückkehr in die ursprüngliche Heimat erwartet, ob man sich darauf freut, erleichtert ist oder eben noch so am Leben hängt, daß der Abschied schwerfällt oder gar als gewalttätig empfunden wird. Jeder Mensch steht letztlich einsam, verlassen vor seinem persönlichen Leid und seinem einmaligen, persönlichen Tod. Er kann es nicht verstehen, und alle Argumente versagen. Kein Wunder, daß in dieser Bewältigung von Grenzsituationen die Engeldimension als eine Wirklichkeit ganz eigener Art erscheint und eine besondere Kraft besitzt – als Bedürfnis nach einer sorgenden Macht, nach fördernder Begleitung am Ende des Weges, so daß das Sterben ein „gutes Sterben" sein kann. Der Tod ist für die meisten zu fremd und schreckenserregend, um unmittelbar angenommen werden zu können. Er bricht immer etwas ab. Das Sterben betrifft den ganzen Menschen in seiner leiblichen, seelischen und geistigen Dimension. Das Ende des Lebens hat viel mit dem Anfang des Lebens gemein. Unser Leben beginnt mit einem nonverbalen Dialog von Körper zu Körper, und es sollte auch nicht im Alleinsein und in der Entfremdung enden. Es handelt sich um eine Grenzsituation, an der das menschliche Wollen und Wünschen an seine Grenzen gerät. In dieser Grenzsituation werden auch unsere Gefühle elementarer. Unsere Reaktionen und Gefühle können ganzheitlicher werden. Sind geliebte Menschen da und stehen auch gute Übergangsobjekte bereit, dann kommen Glück, Vertrauen und Liebe unmittelbar zum Ausdruck. Beim Alleinsein hingegen können Angst und Verzweiflung ausbrechen und den Menschen überwältigen. Wenn wir sterben oder Sterbende begleiten, so brauchen wir Mitmenschlichkeit. Wir brauchen Halt, wenn wir ins Bodenlose fallen.

Diese letzte Grenze eröffnet auch die Möglichkeit, das gelebte Leben zu reflektieren, Rückschau zu halten und so etwas wie eine Lebensbilanz zu ziehen. Doch dazu brauchen wir liebende und erkennende Gesten, die auch noch im Sterben bekräftigen: „Ich bin bei dir. Wir sind miteinander." Wie wichtig dieser Halt ist, zeigt meine Begegnung mit einem alten Mann, den ich fast täglich auf meinem Weg zum Orgelspielen traf. *Bei schönem Wetter saß er mittags meistens auf der Bank vor der Kirche. Und wenn ich ihn nach seinem Befinden fragte, erwiderte er oft: „Er ist wieder nicht gekommen." Er meinte den Tod damit. Einmal setzte ich mich länger zu ihm, da begann er: „Als ich zum Militär kam, hat mich mein Schutzengel verlassen, und seither ging's bergab."* Ich wurde sehr nachdenklich, denn er sprach auf seine herbe Art von seinen tiefen seelischen Wünschen. Er begriff intuitiv, daß der Verlust seines Schutzengels und der mangelnde Zusammenhalt seines Selbst Hand in Hand gingen.

Schon von Kindesbeinen an ist es eine Aufgabe des Menschen, das Fremde, das Andersartige, das Trennende hinzunehmen. Doch am Ende des Lebens führt sie zur letzten Begegnung mit dem äußersten Fremden, mit der letzten Ungewißheit. Um diese Begegnung in eine erlösende zu verwandeln, bedarf es der Begleitung auf allen Ebenen des Seins. Hier begegnen wir dem Geheimnis des Trostes und der Hoffnung durch die Engel, die nach christlicher Auffassung im Augenblick des Todes an der Schwelle zum Jenseits den Menschen in Empfang nehmen. Denn — so glaubt man — die Seele stirbt nicht, sondern sie lebt weiter. Fast sämtliche Kulturen gehen von dieser Auffassung aus. Der Schutzengel ist anwesend, wenn der Mensch an der letzten Schwelle steht. Der sterbende Philosoph Søren Kierkegaard hat diesen tiefen Glauben einem Besucher gegenüber klar ausgesprochen: *„Ich habe das Gefühl gehabt, Engel zu werden und Flügel zu bekommen."*

Nach einer alten Legende schreitet der um die Seele des Menschen besorgte Engel hinter dem Menschen her, um ihn auf seinem Lebensweg zu beschützen. In seiner Todesstunde allerdings kommt er ihm unerwartet von vorn entgegen. Auch für Thomas von Aquin ist es der Schutzengel, der die Seele zu ihrer neuen Heimat führt. Alle diese Überzeugungen sprechen letztlich von der göttlichen Nähe. Die zahllosen Berichte von Nahtoderfahrungen oder Übergangserfahrungen ähneln sich in dieser Beziehung. „Ich habe etwas Sonderbares wahrgenommen, etwas, das ganz konkret, aber dennoch nicht greifbar war", „ein überwältigender Lichtstrom", „etwas Klares und Eindeutiges", „ein äußerst angenehmes Licht", „ein unendliches Gefühl von Wärme und Nähe". Solche und ähnliche Beschreibungen wurden mir immer wieder mitgeteilt. In diesen Grenzsituationen erleben wir in verdichteter Form das, was auch sonst um uns ist. Das bestätigt mir auch meine eigene Erfahrung mit Koma-Patienten, die ich seit vielen Jahren musiktherapeutisch begleite.

Am intensivsten wurde ich mit diesem Phänomen durch meine Erfahrung mit Arnim konfrontiert, einem 23jährigen, der nach einer Überdosis Drogen ins Spital eingeliefert wurde und im Koma lag. Ich wurde zu ihm auf die Intensivstation gerufen, wo er – angehängt an Schläuchen und Geräten – mit einem Gesichtsausdruck lag, als wäre er weit weg. Ich wußte, daß die Meinung, das Koma sei ein unzugänglicher, fast toter Zustand, nicht stimmt. Diese Meinung hat nur damit etwas zu tun, daß wir in der Regel nur ganz eingeschränkt mit solchen Zuständen in Verbindung treten können. Meine Arbeit mit Arnim unterschied sich nicht wesentlich von der Arbeit an den unbewußten Inhalten, die ich sonst mit meinen Klienten mache. Allerdings mußte ich viel konzentrierter auf die subtilen körperlichen Mitteilungen achten: minimale Körperbewegungen, Veränderungen im Atem – all dies waren wichtige Hinweise. In unserer letzten Stunde spielte ich für ihn auf meiner Obertonflöte und fragte ihn dann wie üblich, ob ich am nächsten Tag wieder vorbeikommen sollte. Diese Mal schüttelte er leicht den Kopf.

Plötzlich, ich war schon im Gehen, hatte ich das Bedürfnis, ihm eine Melodie zum Einschlummern vorzusummen. Da griff er nach meiner Hand und hielt sie, wie mir schien, endlos lange. In der folgenden Nacht starb er. Am nächsten Tag empfing man mich in der Klinik mit den Worten: „Sie brauchen nicht mehr zu kommen." Ich merkte, wie Trauer in mir aufstieg, aber auch Dankbarkeit, denn Arnim hatte mit mir sein Sterben geteilt. Er hat mir ein Stück Zuversicht gegeben, daß wir am Ende nicht allein sind.

Im Alltag sind unsere Antennen auf solche feinen Schwingungen nicht eingestellt. All diese Erfahrungen haben mir die Zuversicht gegeben, daß wir in diesen Grenzsituationen nicht allein gelassen werden. Ich bin heute überzeugt, daß ich in diesen Krankenzimmern die Anwesenheit von Mächten gespürt habe, für die ich keine Worte finde. Selbst wenn dieses Gefühl nicht konkret festmachbar ist, so bleibt doch das untrügliche Wissen von einer Anwesenheit, die atmosphärisch so etwas vermittelt wie: Wir sind von guten Mächten umfangen. Die vielen Berichte über Erfahrungen mit Engeln in Grenzsituationen beschreiben immer wieder, daß wir begleitet sind. Das gibt mir Trost und Hoffnung. Engel sind Helfer bei Übergängen, deswegen ist es eigentlich das Nächstliegende, daß sie auch bei unserem letzten Übergang mit uns sind. Wahrscheinlich ist es gerade die äußerste Herausforderung der Grenze des Lebens, die uns besonders wach und sensibel werden läßt für solche Erfahrungen. Es wäre schön, wenn wir etwas davon in unser eigenes Leben hinüberretten könnten, indem wir schon heute beginnen, uns zu öffnen für Ebenen des Seins und des Getragenseins, die uns mit einer übergeordneten Dimension verbinden.

ENGEL FÖRDERN WACHSTUM UND REIFUNG

Schützende Inselerfahrungen

In vielen mittelalterlichen Kirchen gibt es Fresken, auf denen ein Engel die beiden Zipfel eines Wickeltuches hält. Darin steht oder kniet ein kleiner Mensch, die Hände zum Gebet gefaltet. In der oberen Bildhälfte ist eine göttliche Gestalt dargestellt, zu der das Menschenkind emporgetragen wird. Goethe hat dieses Bild sogar in seinem Faust aufgenommen. Er läßt die Seele des Faust nach einem Leben voller Unruhe und Unrast von den Engeln in den Himmel tragen. Dieses Bild sagt mir: Du bist umfangen und geschützt. Sind es nicht vor allem innere oder äußere Bilder, die uns tragen? Da gibt es Räume, Begegnungen, die mich umsorgen und leiten. Da gibt es Fangnetze, die mich auffangen beim Balancieren über die alltäglichen Klippen.

Zu den Übergängen gehören nicht nur Schwellensituationen und Entwurzelung, sondern alle Situationen, in denen wir Sicherheiten verlieren, von Gewohntem Abschied nehmen. Sie sind nicht nur äußerlich voller Gefahren, sie bedeuten auch für unsere Seele eine Herausforderung, oft sogar erfordern sie eine Gratwanderung. Da werden Schutzengel besonders wichtig: Wir erfahren, daß wir abstürzen können, seelisch und mit unserer ganzen Existenz. In den Übergängen zeigt sich die Brüchigkeit unseres Lebens. Das sind die Zeiten, in denen wir besonders darauf angewiesen sind, Schutzräume oder Symbole einer Welt zu haben, in der wir uns wiederfinden oder finden lassen. Im Rahmen der Kindertherapie wurde das Konzept eines solch abgeschirmten Schutzraums entwickelt („safe place", Katz-Bernstein). Hier ist das Kind geschützt von äußeren Einflüssen, die seine Entwicklung beeinträchtigen, es kann seine Gefühle stabilisieren und im ganzen sicherer werden. Auch Erwachsene brauchen solche „sicheren Orte", die den Druck für wenigstens zeitweise mildern. Für mich sind solche Orte weit mehr als nur „Auszeiten" oder kleine Aussteigeprogramme vom harten Alltag. Sie sind komplexe Orte des Erlebens, in denen Elemente des äußeren Lebens und des phantasievollen Innenlebens verschmelzen und verarbeitet werden. Dieses Gefühl, ganz bei sich zu sein, sich bei sich und in seiner Umgebung nicht fremd zu empfinden, allein und doch nicht allein zu sein, sich geborgen zu fühlen, das ist der natürliche Ort der Engel. Da beginnen sie durch die Dinge, Gesten oder Gefühle zu uns zu „sprechen". Solche Orte können ganz einfach aufgefunden werden, das zeigen folgende Berichte:

„Wenn ich in meinem großen Sessel am Fenster sitze bei Kerzenlicht, dann erlebe ich so etwas wie ‚Daheimsein' im weitesten Sinn. Dann bespreche ich im Innern die Dinge mit meinem ‚Wesen' … Es ist, wie wenn mein Engel ein Stück mit mir geht, dann merke ich, jetzt weiß ich wieder weiter."

Ähnlich äußert sich auch eine Frau, die schriftstellerisch tätig ist: *„Für mich gehört vor allem viel Zeit dazu, daß ich in dieses Gefühl vom ‚heimatlichen Ort' habe. Kein Termindruck, nur mein Schreibtisch und ich. Wenn ich dann so abtauche, ist es, wie wenn jemand mit mir spricht. Ein Dialog, dessen Einfälle und ‚Blitze' ich in mich aufnehme oder besser gesagt: ‚einlasse'. Eine ganz besondere Zwiesprache, bei der ich das Gefühl habe, ich bin mit jemandem zusammen. Oft ergibt sich dann daraus das, was ich nachher niederschreibe."* Aufschlußreich scheint mir hier das Wort „einlassen". Engel können sich den Weg zu uns erst bahnen, wenn wir uns auch offen halten. Engel können nur dort wohnen, wo man sie „einläßt". Engel eröffnen aber auch selbst etwas, wie diese Frau erzählt:

„Wissen Sie, ich habe sechs Kinder. Da brauch' ich keinen Engel. Aber manchmal da gibt es schon so Momente, wenn mir alles über den Kopf wächst, und plötzlich kommt da so 'ne kleine Kinderhand. Das ist dann, wie wenn ein Fenster in meiner Seele geöffnet wird … oder auch wie Balsam für meine angekratzte Seele. Vielleicht sind halt meine Kleinen meine Engel."

Engel als „Fenster in die Seele" ist ein sehr treffendes Bild. Wenn wir unsere Engelbilder entschlüsseln, erfahren wir viel über die verborgenen Facetten unseres Selbst, über unsere Wünsche, Sehnsüchte und Mängel. Engel können auch innerlich beruhigen und trösten. Das zeigt folgende Aussage:

„Wenn ich mit meinem Engel auf ‚Tauchstation‘ gehe, dann muß ich meine Wut und mein Genervtsein nicht unbedingt rauslassen. Irgendwie komme ich dann wieder zu Sinnen und muß nicht so rumtoben und alles kaputtmachen. Was da bei mir abläuft, weiß ich nicht so genau. Aber es hat was zu tun damit, daß ich denke: ‚Ihr könnt mich alle.‘ Ich hab' da was für mich, was mich tröstet, was niemanden was angeht.“ Engel können also zu einer Art emotionalen Gleichgewichts beitragen. Diese Erfahrung veranschaulicht, wie dieser „gute Ort" zu einem Bei-sich-Sein führt. In diesem Sinne sind Engel etwas in uns Auffindbares, ein geschützter innerer Ort in uns, den wir brauchen, damit das Leben in seinen schwierigen Übergangen erträglicher wird.

Wir verdanken unser Überleben oft jenen Schutzräumen oder Inselerfahrungen, die sich meist erst auf den zweiten Blick als solche entpuppen. Aus diesen kurzen Momenten, Impulsen oder „schützenden Inselerfahrungen" (Petzold) scheint etwas Lebensbejahendes hervor. Und dem verdanken viele Menschen wieder neuen Boden unter den Füßen. So erzählt ein junger Mann, der nahe daran war, abzuleiten von seiner Begegnung mit einer Ordensschwester, die ihn genau im richtigen Moment ansprach:

„Erst später habe ich gemerkt, daß diese Schwester eigentlich so was wie ein Engel für mich war. Die hat genau in dem Moment, als ich aufgegeben hatte, gesagt: ‚Mensch Junge, selbst aus dem größten Mist kann man Kompost machen. Stell dir die Blumen vor, die aus deinem Mist wachsen könnten.‘" Der Junge empfindet hier die Gegenwart einer „freundlichen Macht". Sie bildet ein wesentliches Fundament dessen, was Menschen als „geschützte Insel" oder Engelerfahrung erleben. Auf diesen Inseln muß es gar nicht immer nur freundliche, harmonische Töne geben, oft wirkt so ein handfester Satz wie der dieser Schwester noch Jahre nach und wird nie vergessen. Es ist ein Satz, an den auch in späteren Krisensituationen noch gedacht werden kann und dann neue Orientierungsgewißheit vermit-

telt. Auch wenn man einen anderen Menschen als „guten Engel" bezeichnet, klingt unbewußt der Glaube an gute Geister, die zwischen Himmel und Erde angesiedelt sind, mit.

Solche Schutzerfahrungen sind im Erleben von Engeln ganz zentral. Sie schaffen selbst bei schweren Belastungen ein Gefühl des Gehaltenseins und der Geborgenheit und rufen Kräfte in Menschen wach, die das Leben erträglich machen. Immer wiederkehrende Beschreibungen von „Gehaltensein" oder „Getragensein", „Nichtalleinsein" lassen anklingen, was Menschen erfahren, wenn sie die Nähe der Engel spüren. „Von guten Mächten wunderbar geborgen", in diesem Ausspruch des Theologen Dietrich Bonhoeffers ging es um den Ernstfall. Dieses Abendgebet hat er kurz vor seiner Hinrichtung durch die Nazis geschrieben. Es erschüttert die tiefe Gewißheit dieses Mannes, der in dieser Situation solche Worte „von den guten Mächten" finden konnte, mögen wir sie Engel nennen.

Engel als Symbole der Bewahrung

Immer wieder werde ich gefragt, ob Engel nur als Symbole zu verstehen seien. Ohne das „nur" würde ich die Frage bejahen, denn Symbole sind mehr als nur Zeichen, die auf etwas Bestimmtes verweisen. Symbole halten etwas zusammen, wie das griechische Wort „symballein" – zusammenwerfen, zusammenbringen – sagt. Man könnte sagen, sie halten Bild und Erleben zusammen. Ein Symbol ist nämlich nicht nur ein bestimmtes Zeichen oder Bild, das über sich hinausweist, es ist auch gefühltes Erleben. Überliefert ist uns das Bild vom Engel in den vielen Gestaltungen der Malerei, der Dichtung und der Musik. Das, worauf das Bild hinweist, will aber immer wieder neu gefunden, erlebt und erfahren werden. Das Bild braucht den Menschen, der sich anrühren, bewegen läßt und offen ist für die überschreitende Dimension, die sich logisch oder sprachlich nicht einholen läßt. Im Lexikon können wir zum Thema Engel unzählige Bedeutungen nachlesen, sie treffen aber nur den Stoff- oder Bildaspekt. Daß ein Engel zum Symbol erwacht und etwas bewirkt, kann nur geschehen, wenn da ein Mensch ist, der mit seinem Sensorium dafür offen und empfänglich ist.

Bild und Erleben gehören zusammen, deswegen verändert sich auch die Art und Weise, wie wir Engel sehen. Es wird Zeiten geben, in denen man keine Antennen dafür hat und sich nicht berühren läßt. Und es wird andere Zeiten geben, wo man innerlich für ihre Bedeutung offen ist und auf eine Wirklichkeit hin gestimmt ist, die über die Dinge hinausweist. Man könnte das Symbolgestimmtheit oder Anmutung nennen, wenn wir uns ansprechen lassen von Symbolen, die auf ein anderes, ein Höheres oder Tieferes, auf den Ursprung (Ludwig Klages) hindeuten. Wenn wir so gestimmt sind, daß wir mit Symbolgestalten in ein inneres Gespräch kommen, beginnen die uns umgebenden Dinge und Zeichen auf einmal zu uns zu sprechen. Und wenn wir empfänglich sind, sucht sich unsere Stimmung ihre dazu stimmigen Symbole. Ein Baum kann zum Symbol werden, indem ich mich an ihn anlehnen und von ihm trösten lassen kann. Er ist dann nicht nur der Baum vor meinem Fenster, sondern weist über sich hinaus. Eine gefundene Feder kann zu einem Wink werden, den ich erhalte. Zufällig aufgeschnappte Worte oder beschriebene Papierfetzen können zu Zeichen werden, die die Botschaft einer tieferen Wirklichkeit enthalten. Die äußere Wirklichkeit kann zu einer Brücke zu einer tieferen Wirklichkeit werden, wenn man dafür empfänglich ist. Wir sind dann innerlich fließend, lebendig, staunend, wach, weich und offen. In dieser Stimmung werden die Engel ins Leben gelockt. Sie kommen uns in den Sinn, wir fühlen uns mit ihnen unterwegs, zusammen und getragen. Oder wie es eine Klientin sagte: „Sie wohnen in uns." Was wohl auch meint, sie wohnen uns inne, wenn sich das Gefühl vom Aufgehobensein dazugesellt.

Die Doppelgesichtigkeit des Symbols hat mir eine Kollegin sehr nahegebracht. Sie zeigte mir ihren kleinen Holzengel, der auf der Vorderseite bemalt war und dessen Rückseite im naturbelassenen Zustand geblieben war. Als ich ihn in meiner Hand hielt und das rohe Holz roch und fühlte, wurde mir deutlich, was es mit dem Engelsymbol auf sich hat. Vorne ist das ausgemalte Bild vom Engel, aber das Erlebnis dessen, was er für mich bedeutet, muß ich selbst erfühlen.

Engel sind Symbole dafür, wie das Selbst bewahrt werden kann. Sie sind sozusagen Behältnisse, die wir mit unseren Empfindungen und Anmutungen auffüllen müssen. Das äußere Bild allein reicht nicht. Es braucht die Menschen, die ihre Sehnsüchte und Wünsche nach Bewahrung mit dem Bilde des Engels verbinden, wenn das Bild zu ihnen sprechen soll. Eichendorff, der große Dichter der Romantik, hat gewußt, daß wir durch die Dinge etwas beleben können. In einem Gedicht heißt es: „Schläft ein Lied in allen Dingen." Wir brauchen gute Bilder, die zu uns sprechen. „In allen Dingen", das kann heißen: in Begegnungen, Situationen, Menschen, Tieren, Pflanzen, Steinen, Bäumen, Wolken. In ihnen kann auch ein Engel schlafen, wenn sie so in uns nachklingen. Der Engel ist auch in uns und bildet schließlich die Voraussetzung dafür, daß etwas in uns Anklang oder Widerhall findet.

Solche Engelsymbole treten oft plötzlich und unvorhergesehen ins Leben. Und so werden viele Menschen sozusagen von den Engeln gefunden. Da fällt etwas ins Bewußtsein, es widerfährt einem etwas wie aus heiterem Himmel. Man ist gerührt oder betroffen und überrascht. „Plötzlich war da dieses Gefühl, da ist jemand, der bei dir ist. Da hält ja jemand eine Hand über dich, du bist ja überhaupt nicht ganz allein." Dies ist ein Erlebnis, das einer Frau inmitten einer Großstadt widerfuhr. Engel hatten für sie bisher kaum irgendeine Bedeutung. Skeptische oder suchende Menschen sind eher aktiv, sie beschäftigen sich eher direkt mit den Engeln und setzen sich damit bewußt auseinander. Bald näher, bald ferner gestaltet sich dieses Umkreisen der Engel, sei dies nun innen oder außen. In diesen Bereich gehören auch die vielen kreativen Anstrengungen von Menschen, die sich mit bildnerischen oder poetischen Mitteln ihre „eigenen" Engel erschaffen oder zu eigen machen. Es wird gleichsam etwas aus dem Dunkel ans Licht gebracht, etwas Geahntes wird sichtbar gemacht. Allmählich gewinnt es dann Konturen und wird vertrauter. Dieses tastende oder ringende Sich-Aneignen führt nicht selten zu Auseinandersetzungen, die sich zwischen Sich-Lossagen oder Sich-Lösen und Wiederannäherung bewegen. Eine Bildhauerin schildert ihre Erfahrung bei der Gestaltung eines Engels: *„Ich habe ein Jahr gebraucht, ehe mein Engel so war, daß ich sagen konnte: ‚Es ist mein Engel.' Es war ein ständiges Ringen — wie ein Abbild meiner inneren Zweifel und Sehnsüchte."*

Psychologisch gesehen realisiert sich Bewahrung in einer genügend guten Mutter-Kind-Beziehung. Wir erleben Bewahrung, wenn wir gehalten und geschützt werden, wenn wir im Gedächtnis und im Herzen anderer Menschen bewahrt werden, wenn wir mit uns selbst im Einklang sind, bei uns „zu Hause" sind, wenn wir mit anderen sind, die uns ihre Hand entgegenstrecken, wenn wir nicht fallengelassen werden. Doch in dem Wort und in dem Erleben von Bewahrung schwingt noch etwas anderes mit, nämlich das Gegenteil von Verwahrlosung. Und das heißt, daß Bewahrung auch dort stattfindet, wo wir Menschen begegnen, die unsere Defizite auffangen und ausgleichen. Und dies geschieht ein Leben lang.

Allerdings wirkt es auch auf das spätere Leben negativ nach, wenn ein Kind kaum jemals erfahren hat, was es heißt, liebevoll getröstet oder vor Schaden bewahrt zu werden. Es wird sich auch später nur schwer selbst trösten können und dem Leben wenig Zuversicht entgegenbringen. Es wird vermutlich kaum wissen, daß es diese Art von Bewahrung gibt, auch wenn sie ihm konkret begegnet und angeboten wird. Kinder, die diese Art von emotionaler Bewahrung nicht erlebt haben, können später auch ihre eigenen Gefühle nicht deuten. So erzählte mir eine Klientin, daß sie erst als Erwachsene gelernt hatte, ihre Gefühle zu erfassen und zu verstehen. Und das war ihr erst möglich, indem ihr Freund ihr seine Gefühle mitteilte. Auch dies ist ein Beispiel von Bewahrung: Ihr Freund konnte liebevoll ein Defizit ausgleichen, indem er ihr seine eigenen Gefühle zeigte.

Und schließlich erleben wir Bewahrung im Dialog mit unseren Vorstellungen über das Göttliche. Engel sind in gleicher Weise „mütterliche" Bewahrungssymbole, sie symbolisieren die Trennung des Menschen zu Gott und gleichzeitig die Verbindung zu ihm (Stubbe). Und das kann ganz konkret erlebt werden. Eine junge Rechtsanwältin berichtet: *„Ich hatte eine Menge schwerer Probleme zu bewältigen und konnte wieder einmal keinen Schlaf finden. Gefühle stürmten auf mich ein, mein Atem ging immer schwerer, und in meiner Brust brannte es wie Feuer. Mein Körper war schwer und eisig kalt. Diese Angst machte mich fast wahnsinnig. Ich begann zu beten: ,Lieber Schutzengel, hilf mir. Gib mir Kraft und Mut. Ich weiß nicht, wie ich diese Nacht durchstehe.' Ich stellte mir vor, mein Schutzengel stünde neben mir und legte mir seine Hände auf die Schultern. Von diesem Moment an wurde mein Körper ganz warm. Die Angst war wie weggezaubert. Ich fühlte mich wie von einer warmen Hülle umgeben und wollte meinem Engel danke sagen, aber ich schlief sofort ein. Am nächsten Tag war ich ganz ruhig und zuversichtlich. Ich wußte, ich werde es schaffen."*

Orientierungsgewißheit durch Engel

Es ist kein Zufall, daß Engel gerade in unübersichtlichen Zeiten, in Umbruchzeiten und Krisen bei Menschen in Erscheinung treten. Der Weg des Lebens, die Selbstwerdung ist ein lebenslanger Prozeß. Wir erleben uns im Verhältnis zu anderen Menschen und zu unserer Umgebung je nach Alter und Lebenssituation immer wieder anders, wir verwandeln uns und integrieren neue Erfahrungen, auch die negativen. Wir erleben immer wieder neue Formen von „Ich bin". Die Engel begleiten uns in jeder Lebensphase. Und so geben sie uns einen Spiegel an die Hand, in dem man ablesen kann, wie ein Mensch „sich selbst zum Gefährten wird" (Mead). Das heißt auch, daß die Engel sich wandeln, wenn ein Mensch sich wandelt.

Von Beginn an sind wir mit der Aufgabe konfrontiert, die Kluft, die sich zwischen dem Selbst und den anderen auftut, zwischen unseren Wünschen und deren Erfüllung, unseren Idealen und deren Verwirklichung, unseren Ansprüchen und deren Umsetzung zu überwinden. Wir müssen uns von unserer engsten Bindung, der Mutter, lösen, um ein eigenes Ich zu entwickeln. Wir lösen uns aber von gewissen Vorstellungen über uns selbst, etwa wenn wir im Alter von 15 Jahren dachten, die Welt retten zu können. Wir erkennen mit zunehmender Reifung, daß unsere Macht und unsere Möglichkeiten nur sehr begrenzt sind. Wir lösen uns von Träumen und Wünschen und müssen uns damit auseinandersetzen, was wir nicht haben können und was wir nicht sein können. In der zweiten Lebenshälfte lösen wir uns auch von unerfüllten und unerfüllbaren Hoffnungen, die uns das endgültige Verlieren, Loslassen und Verlassen lehren. Und irgendwann auf unserem Lebensweg müssen wir uns auch eingestehen, daß unser Ich, das liebt, arbeitet und sich anstrengt, für immer ausgelöscht werden wird.

Diese Verluste sind Teil des Lebens – unvermeidlich und unabweisbar. Unsere Persönlichkeit und unser Leben werden entscheidend durch sie bestimmt – zum Besseren oder Schlechteren.

Diese oft schmerzhaften Prozesse können nur ausgehalten werden, wenn wir diese Spannungen, die unseren Jugend-, Machbarkeits- und Geldkult noch verstärkt, zu überbrücken vermögen. Hier gilt es ein Gleichgewicht zu finden, das uns hilft, daß wir nicht vereinsamen, sprachlos werden, uns von der Welt abwenden oder gar nach innen flüchten. Dieses Gleichgewicht muß immer wieder neu gefunden werden. In diesen ständig neuen Versuchen zeigt sich die Schwierigkeit, sich auf einen Sinn zu beziehen, der wirklichen Halt gibt. Wir müssen immer wieder neue Hoffnung schöpfen können, um die Kräfte freizusetzen, die wir brauchen, um unser Leben zu bewältigen. Wir brauchen einen tragfähigen Sinnbezug. Dieser läßt sich aber nur in den „geschützten Räumen" aufbauen, dort, wo auch die Engel beheimatet sind. Vorstellungskraft und Phantasie sind dabei wichtige Impulsgeber und Verbündete. Sie sorgen dafür, daß wir uns Mut machen und Mut machen lassen, in immer neuen Formen der Verwandlung unser Leben zu begreifen. So kann es gelingen, zumindest zeitweise den verlorenen Anschluß des Seins wiederzugewinnen. Engel sind Übergangshelfer für Menschen, die sich als getrennt empfinden. Sie erinnern immer wieder an die Urformen der Geborgenheit und des Halts und vermitteln den Menschen: „Du gehörst dazu. Du bist Teil dieser Welt. Sie ist für dich da." Charakteristikum der Engelerfahrung ist ihre Fähigkeit, dem Menschen die Grenzen, Risse, Trennungen, in denen er lebt, durchlässig zu machen. Diese zeitweilige Überbrückung von Abgründen, Ängsten und Sehnsüchten ist das Rohmaterial, auf das Menschen ihrer Phantasie gemäß zurückgreifen, wenn sie mit Engeln in Kontakt treten. Engel helfen dabei, sich wieder neu zu finden, sich neu zu bestimmen: im Verhältnis zu sich selbst und zu der Umgebung. Eine junge Frau erzählte mir folgendes:

„Ich war ausgelaugt, am Ende meiner Kräfte. Mein Leben war ein Trümmerhaufen. Außerdem mußte ich umziehen, weil man mir meine Wohnung gekündigt

hatte. Ich fuhr mit dem Bus in die Stadt und mußte durch einen Park gehen. Dort setzte ich mich auf den Rasen, als sich plötzlich zwei Frauen in meiner Nähe niederließen. Sie unterhielten sich auf eine Art, die mir irgendwie Vertrauen einflößte. Plötzlich sagte die eine der beiden: ‚Können wir Ihnen irgendwie behilflich sein?‘ Ich erzählte von meiner Wohnungssuche. ‚Kommen Sie doch zu uns, wir leben allein, und im Erdgeschoß stehen zwei Zimmer frei.‘ Dieses Angebot veränderte mein ganzes Leben und Denken. Diese Frauen waren nämlich Theosophinnen, die mich auf eine wunderbar einfühlsame Weise in die Welt Rudolf Steiners einführten. Ich wechselte daraufhin mein Studium und begann eine anthroposophische Lehrerinnenausbildung. Mein ganzes Leben hatte sich durch diese Fügung um 180 Grad gewendet. Ich kann heute noch nicht begreifen, wie sich Gedanken in Taten umsetzen, aber ich habe erlebt, wie diese Frauen, die ich noch heute als meine Engel bezeichne, in meine Seele hineingewirkt haben."

Lebensgeschichte geschieht nie einsam. Das zeigt dieses Beispiel besonders deutlich. Sie ist immer und in allen Phasen des Lebens eine Geschichte von Beziehungen. Engel schaffen Beziehungen vor allem an den Einschnitten und Umbrüchen des Lebens. An diesen Schnittstellen sind wir besonders angewiesen auf Dialoge mit anderen, die unsere Selbstgespräche erweitern, überschreiten und in einen größeren Zusammenhang einbinden. Kommen wir mit einem Engel in den Dialog, so sind Dialoge mit wichtigen Bezugspersonen meistens vorausgegangen. Sie bilden das Grundmuster, auf dem sich die Gespräche mit den Engeln neu gestalten und sie in gewisser Weise auch widerspiegeln.

Von früh an und über die ganze Lebensspanne hinweg brauchen Menschen zur Be- und Verarbeitung ihres Lebens Zwiesprache. Deshalb brauchen nicht nur Kinder Schutzengel. Gerade im Erwachsenenalter sind Schwellensituationen oder Trennungsprozesse oftmals sogar noch schwerer auszuhalten, weil die vorhandenen Ressourcen knapper geworden sind und häufig nicht genügend Kraft, Zeit und Unterstützung vorhanden ist für das Verarbeiten von wichtigen Lebensereignissen. Daher glaube ich, daß die vertrauensvolle Bitte um Bewahrung durch gute Mächte, die in dem wunderschönen alten

Schutzengelgebet geäußert wird, Erwachsene ebenso benötigen wie Kinder:

Abends will ich schlafen gehn,
vierzehn Englein um mich stehn.

Zwei zu meiner Rechten,
zwei zu meiner Linken,
zwei zu meinen Häupten,
zwei zu meinen Füßen,
zwei, die mich decken,
zwei, die mich wecken,
zwei, die mich weisen
zu des Himmels Paradeisen.

Diese Worte singen im übrigen die Kinder in der Oper „Hänsel und Gretel" von Engelbert Humperdinck, als sie nachts allein und verlassen im Wald den Schlaf suchen.

Das Auftauchen von Engeln kann so in gewisser Weise für die eigene Geschichte sensibilisieren, für das, was man geworden ist und wie man geworden ist und wo man nun steht. Sie eröffnen die Möglichkeit, sich mit sich selbst auseinanderzusetzen. Und das ist notwendig, um all das Neue, was einem begegnet oder was ansteht, ins eigene Leben zu integrieren. Engel besitzen Integrationskraft, weil sie Vergangenheit und Gegenwart zusammenbringen und somit auch die Grundlage für künftige Lebensentwürfe schaffen. Sie zeigen, daß auch in der Zukunft positive Lebensmöglichkeiten liegen. Mit einem Engel ins Gespräch zu kommen ist ein Weg der Selbstfindung: „Lieber Engel! Hör mich an, ich weiß nicht mehr weiter. Mein Leben ist ein Durcheinander. Zeig mir den richtigen Weg, ich schaffe es nicht allein!" Ob wir in diesem Engel nun einen imaginierten Freund, eine Vaterfigur, einen Phantasiegefährten sehen oder als Projektion eines „inneren Beistandes" auffassen, erscheint mir zweitrangig. Gewiß können all diese Möglichkeiten zutreffen. Wichtiger scheint mir jedoch, daß hier schwierige Lebenszusammenhänge nach außen gebracht und ausgedrückt werden. Dies ermöglicht nicht nur eine unmittelbare, lebendige Auseinandersetzung, es schafft auch etwas Distanz zu dem jeweiligen Problem, es wirkt entlastend und setzt Kräfte zur Bewältigung frei. Und diese positive Erfahrung festigt wiederum den Bezug zum eigenen Ich. Der Austausch mit dem Engel gewinnt so eine wichtige Funktion der Seelenhygiene. In diesem Dialog werden die verschiedenen verwirrenden Dinge in einen Zusammenhang gebracht und bekommen dadurch Sinn. Dadurch entsteht ein Stück unverzichtbarer Orientierungsgewißheit — besonders in Zeiten großer Unsicherheit. Engel leisten sozusagen Schrittmacherdienste bei dieser Aufgabe der Reifung, vor der jeder Mensch steht. Wir müssen uns in bestimmten Situationen entscheiden, welche Richtung unser Leben nehmen soll. Ein Mann, der lange Zeit unsicher war, ob er die Beziehung zu seiner Freundin aufrechterhalten sollte, berichtet:

„Wenn ich mir dieses letzte Jahr vor Augen führe, dann glaube ich, daß ich doch meiner inneren Stimme folgen sollte, die mir immer wieder sagt: ‚Trenne dich von Ingrid, sie tut dir nicht gut!‘ Meine Stimme, ich weiß, ich habe dich immer wieder übertönt, dich mit meinen vielen Aktivitäten erstickt. Ich gebe auf. Danke, daß du mich nicht im Stich gelassen hast. Aber wenn ich dir nicht gehorche, dann geschieht was Schlimmes. Das ahne ich." Hier bildet die Engelzwiesprache die gedanklichen Prozesse der Selbstfindung ab.

Die Bedeutung, die Engel für den jeweiligen Menschen haben, die Funktion, die sie für ihn erfüllen, stehen immer im engen Zusammenhang mit der individuellen Lebenssituation. Doch immer wieder erfüllen sie bestimmte Funktionen: Es geht um Entlastung, Bekenntnis, Verarbeitung, Bilanzierung.

Hüter der Sehnsucht

Die Bedeutung, die Engel für den jeweiligen Menschen haben, die Funktion, die sie erfüllen, wandeln sich im Laufe jeder Lebensgeschichte. Engelerfahrungen aus dem frühen Jugendalter unterscheiden sich von solchen, die wir als Jugendliche oder als Erwachsene machen. Engel haben keinen festgelegten Sinn, sie sind dynamisch, flüchtig, kurzlebig und unvergleichlich. Die Versuche, sich ihrer zu bemächtigen, ihnen auf den Grund zu gehen, ihnen zu nahe zu treten, zerstören sie. Wir können sie nur behutsam umkreisen, fragen und staunen. In den Engeln drücken sich Erfahrungsbewegungen von Menschen aus. Die Macht dieser Erfahrungen unterscheidet sich von der unserer Alltagserfahrungen. Sie versetzen uns in eine andere Welt, die so ganz anders ist als die, in der wir uns normalerweise bewegen. Sie ist anders, weil sie nicht im Erklärbaren und Sichtbaren aufgeht. Ihre Sprache ist die der Ahnungen, der Gefühle und der geflüsterten Versprechungen. In ihnen drücken sich Prozesse der Selbstwerdung und der Selbsterklärung aus und oft auch das beunruhigende Versprechen eines Lebens, das auch anders sein könnte – die Ahnung, daß das, was ist, nicht alles ist. Jede Engelerfahrung, die Menschen etwas bedeutet, deutet auch auf etwas hin, sie verweist auf etwas, sie fordert auf zu etwas oder erinnert an etwas. Man könnte sagen, wer sich den Engeln öffnet, den werden sie auch immer wieder erreichen. Oder: Wer hofft, wird dem Unverhofften begegnen.

In jedem Erwachsenen schlummert tief der Wunsch nach Regression, nach einer Rückkehr in die Kindheit, in der man sich umsorgt und behütet fand, sagen die Kritiker. Und die Engel dienten dazu, diese kindlichen Rückwärtssehnsüchte zu gestalten. Gewiß, unser tiefstes Verlangen nach Geborgenheit kann nie ganz erfüllt werden.

Doch wenn wir keine Sehnsüchte mehr zulassen, dann verlieren wir auch unsere Lebendigkeit. Gerade deswegen müssen wir sie erhalten. Dies ist um so wichtiger, als wir heute durch unsere Arbeitswelt und unsere Zivilisation immer wieder in Versuchung gebracht werden, unsere Sehnsüchte zu opfern oder sie mit billigen Surrogaten abzuspeisen. Die Werbung weiß auf dieser Klaviatur der Sehnsucht sehr gut zu spielen. Wenn wir unsere Sehnsüchte aufgeben und klein beigeben, das Große und ganz andere gar nicht mehr zu denken wagen, verlieren wir auch unsere Kraft, etwas von dieser tiefen Sehnsucht nach Geborgenheit zu realisieren. Wir brauchen Spielräume, um unseren Sehnsüchten Ausdruck zu geben, um lebendig zu bleiben. In uns allen steckt, manchmal verborgen, der Wunsch, ein geliebtes Kind zu sein, wir wollen angenommen und verstanden werden, bedingungslos, einfach so, wie wir sind. Wir brauchen diese „Zwischenräume", weil sie uns das Gefühl geben, zu einer großen Familie zu gehören. Es sind Räume, in denen wir hin und wieder Kind sein dürfen, jenseits unserer Leistungen und jenseits unseres Versagens. Entscheidend ist allerdings, wie wir aus diesen Räumen wieder auftauchen, was danach kommt, wie wir aus der Regression wieder aufstehen, wie wir in unsere Freiheit und Selbständigkeit kommen. Man kann es auch so ausdrücken: Wie bekommen wir unsere eigenen Flügel? Wie diese Rückkehr in die kindliche Geborgenheit neue Kraft geben kann, beschreibt eine Bankangestellte sehr eindrücklich:

„Ich muß immer so ungeheuer effizient sein, da brauche ich einfach hin und wieder kleine Fluchten. Früher bin ich ausgestiegen mit dem Essen — ich habe mich sinnlos vollgestopft. Aber das war nur ein unzivilisiertes Vergessen, Wegschieben. Seit ich erkannt habe, daß mich das nicht weiterbringt, gönne ich mir andere kleine ‚Ausflüge'. Ich sitze in meiner Kuschelecke, hülle mich in eine flauschige Wolldecke ein und gestatte mir, ganz ‚klein' zu sein in meinem Nest — ich träume, male, schreibe in mein Traumbuch und spreche mit meiner guten Fee. Danach fällt es mir wieder leichter, in meine ‚Business-Rolle' zu schlüpfen." Sie hat ihren eigenen Weg gefunden, um ihrer Sehnsucht Raum zu geben.

Der Psychoanalytiker Erich Fromm unterschied zwischen kindlichem Habenwollen und erwachsenem Selbstseinwollen, das heißt zwischen diesen kindlichen Geborgenheitswünschen und den ganz anderen erwachsenen Sehnsüchten nach schöpferischer Lebendigkeit und persönlichem Ausdruck. In vielen Engelerfahrungen läßt sich eine solche Entwicklungslinie feststellen, die sich von kindlichen, regressiven Wünschen nach Geborgenheit hin zu existentiellen Sehnsüchten des Seinwollens bewegt. Es gehört zu den Engeln ganz wesentlich dazu, daß sie Begleiter unserer Sehnsüchte sind, aus deren Kraft heraus Menschen ihren Weg finden. Wenn sie durch solche Erfahrungen gelernt haben, an das Gute zu glauben, so hüten sie die Sehnsucht danach als ihr größtes Geheimnis. Der folgende Bericht einer Frau, die sich jetzt in den mittleren Jahren befindet, zeigt auf, wie der Engel als „Hüter der Sehnsucht" sich im Laufe eines Lebens wandeln kann:

„Seit ich denken kann, habe ich schon immer mindestens einen Engel um mich gehabt. Jedenfalls habe ich ganz real mit meinem Engel gelebt, immer wenn es schwierig wurde, zog ich mich mit oder zu ihm zurück. Mein Engel war meine Zuflucht, sonst hätte ich dieses verheerende Verhältnis zu meiner Mutter nicht aushalten können. Er hat mir immer wieder vermittelt: ‚Das schaffst du schon! Bald bist du groß, dann kannst du hier weg. Solange du hier bei deinen Eltern bist, bin ich bei dir.' Ich fühlte mich wie im Gefängnis in meiner Kindheit, und mit meinem Engel hatte ich so was wie ein Stück Eigenwelt — mein Geheimnis, das ich nie jemandem erzählt habe. Das hat mir damals unglaublich geholfen. Nachdem ich von zu Hause weg war, da gab es für mich keine Engel mehr. Da wollte ich einfach nur selbständig und endlich frei sein — frei von allem. Erst später, als ich realisierte, irgendwie fehlt etwas in meinem Leben, selbst die tollsten Reisen, Klamotten, Bekanntschaften haben mir nicht die rechte Freude gebracht — da gab es das besagte Weihnachtsfest, das ich nie vergessen werde. Ich war allein, hatte Zeit zum Nachdenken. Ja, und dann kamen halt so Fragen wie: Wovor renne ich eigentlich davon? Warum komme ich nicht zur Ruhe? Warum ist alles so hohl, so fad und so flach? Was fehlt mir denn wirklich? Ich kam mit meiner tiefen Sehnsucht in Berührung. Es war, als ob mein Herz plötzlich angefangen hätte zu sprechen. Ich wußte, das, wonach ich mich sehne, kann mir letztlich nicht all das Zeug, was ich so angehäuft habe, und auch kein Mensch erfüllen. Durch

167

diesen Schmerz hindurch kam dieser Wunsch, den ich nie zuvor so deutlich spürte, nach einer Heimat, nach einem endgültigen Zuhausesein. ‚Du sehnst dich nach Gottes Nähe', sagte eine Stimme in mir. Von da ab wußte ich irgendwie, das ist mein Weg. Ich habe dann ganz viele Kerzen angezündet, und es war, wie wenn ich einen neuen Geburtstag, ‚meinen Geburtstag', geschenkt bekommen hätte. Zumindest ein Schimmer von diesem Fest ist mir geblieben. Wann immer ich heute merke, daß ich mal wieder vor mir weglaufe, dann zünde ich eine Kerze an, und dann kommt diese leise Stimme aus meiner wirklichen Heimat, aus meinen wirklichen Kräften. Eigentlich ähnlich wie früher, nur weiß ich heute, daß ich in mir selbst zur Ruhe kommen kann, weil es für mich ein ‚größeres Zuhause' gibt."

Auch wenn diese Frau am Schluß ihrer Schilderungen nicht mehr ausdrücklich den Begriff „Engel" benutzte, geht es in ihrem Erleben um eine Engelvorstellung. In ihrer Seele ereignete sich etwas, was man vielleicht mit „den eigenen Seelengrund berühren" bezeichnen könnte. Sie kam mit ihrer tiefsten Sehnsucht in Berührung und feierte sie sogar bewußt. So hat sie eine Wende nach innen, der sie eine positive Bedeutung gab, in ihrem Leben „verankert". Diese bewußte Inszenierung stellt ihr auch einen „Übergangsraum" zur Verfügung, auf den sie, wenn sie es nötig hat, immer wieder zurückgreifen kann. Vergleicht man diese Erfahrung mit dem Engel ihrer Kindheit, so läßt sich deutlich ablesen, wie sich der Verweischarakter des Engels gewandelt hat. Half er ihr früher, in der Trennung von ihren Eltern zu leben, Geborgenheit zu finden, die sie von ihren Eltern vermißte, so richtet sich ihre erwachsene Erfahrung nun auf eine letzte Geborgenheit, die sie nur in ihrem tiefsten Seelengrund finden kann.

168

Menschliche Engel

Gerne und oft benutzen wir heutzutage das Wort „Engel", wenn wir das Wirken und Eingreifen anderer Menschen bezeichnen wollen: „Der war mein rettender Engel", „Gut wie ein Engel", „Ich hatte eine Engelbegegnung". Was aber drückt sich in solchen Bezeichnungen aus? Was schwebt uns vor, wenn wir einen Menschen bildlich mit einem Engel vergleichen? Was verbinden wir mit dem rettenden Engel, den wir in einem anderen Menschen erkennen? Könnte in diesen Redeweisen etwa gemeint sein: „Da hat mir jemand in einer kritischen oder gar aussichtslosen Situation geholfen, wo ich mir selbst nicht mehr weiterhelfen konnte." „Da gab es jemanden, dessen Gegenwart mir so guttat, daß darunter ein Stück meines Wesens ganz werden konnte." „Da bin ich gesehen worden." „Da gab mir jemand im entscheidenden Moment ein hilfreiches Wort, das ich mir nicht selbst sagen konnte." „Da trat jemand in mein Leben, mit dem ich nicht gerechnet hatte." Der Regisseur Werner Schroeter ist der Auffassung: *„Engel sind eben Menschen. Engel haben keine Flügel, damit können sie nicht zupacken, halten, umarmen. Sie stoßen auch keine Stimmfühlungslaute aus wie die Gänse. Sie fassen dich an, sie ergreifen dich, und wenn du dich wieder selbst fühlst, geben sie dich frei. Sie kommen immer wieder. Engel sind Menschen, sie fassen dich an."* (Zeitmagazin, 24.12.1993)

Wenn Menschen für andere Menschen als Engel Bedeutung gewinnen, hat dies durchweg mit Situationen und inneren Prozessen zu tun, in denen Menschen an ihre Grenzen stoßen, an ihre Ohnmacht und Hilflosigkeit geraten oder in Krisen stecken. Und plötzlich erfahren sie, daß jemand von außen an sie Wegweiser, Entscheidungen, Hoffnungen und Orientierungen wie von außen an sie heranträgt. Der Glaube an die Engel als transzendente Wesen tritt dabei in den

Hintergrund. Allerdings ist das, was sie symbolisieren, nach wie vor wesentlich und unverzichtbar: Es ist die Erfahrung, gesehen und gehört zu werden, des Angenommenseins, der menschlichen Nähe und Hilfe. Diese menschlichen Engel taten vielleicht gar nichts anderes, als im rechten Moment einfach dazusein und mit dem anderen zu sein. Ich selbst erfahre so etwas immer wieder. Folgende Begegnung hatte ich im Winter:

Ich war für ein paar Tage im Allgäu und kehrte nach einer Schneewanderung in ein Café ein. Die Wärme des Raumes ließ meine Nase derart laufen, daß ich nur noch ein Bedürfnis kannte: „Ein Taschentuch muß her!" — sonst werde ich zum öffentlichen Ärgernis. Plötzlich reichte mir eine Frau ein Taschentuch mit den Worten: „Ich glaube, das können Sie gebrauchen." Erleichtert begann ich mich im Raum umzusehen, da fiel mein Blick auf ihr Buch. Ich konnte meinen Augen nicht trauen, es war ein Buch über Engel. Ich mußte sie ansprechen. Als ich am Abend in mein Hotel kam, lag dieses Buch für mich an der Rezeption bereit, versehen mit einem herzlichen Engelsgruß. Dieses Buch war wie eine Wende in meinen Gedanken über die Engel, ein unverhofftes Geschenk vom Himmel. Wo Menschen einander solche liebevollen Gesten vermitteln, da bleiben die himmlischen Engel sicher nicht länger bloße Zuschauer.

Ja, es gibt sie, die Engel, die unser Leben schöner oder leichter machen. Nur kommen sie nicht aus dem Himmel, sondern wohnen manchmal gleich um die Ecke. Davon erzählte mir eine junge Frau, die gerade ein Kind erwartete: *„Neulich kam eine Frau aus meiner Nachbarschaft vorbei und brachte mir einen Strauß Blumen. Einfach so. Ich war so perplex, daß es mir erst einmal die Sprache verschlug. Wie konnte sie ahnen, daß ich mich gerade an diesem Tag so überfordert, gereizt und lieblos fühlte? Ich konnte es kaum fassen, daß es so etwas gibt: Jemand, der mich wahrnimmt, der sich an mich erinnert. Diese liebevolle Geste hat mir wieder ein Lächeln ins Gesicht gezaubert. Ich konnte mich plötzlich wieder wertvoll fühlen. Seither nenne ich sie ‚meinen Engel'."*

In solchen „engelhaften" Begegnungen liegt ein Geheimnis. Das Schlüsselwort dafür scheint für mich „Liebe" zu sein. Und zwar eine Liebe, die nicht fordernd oder verpflichtend ist. Eine Liebe, die sich frei schenkt, ohne geplant zu sein oder irgendwelche Bedingungen zu stellen. Wo Menschen einander diese Erfahrungen von Liebe und Begleitung vermitteln, entstehen Begegnungen und Räume, die wie Engelsgeschenke empfunden werden. Warum empfinden wir so? Man kann solche Begegnungen zwar in Sprache fassen, beschreiben, umschreiben, aber es bleibt immer ein Rest — etwas, das sich nicht in Worte fassen läßt, das aber deutlich spürbar ist und im Bereich des Symbolischen nistet. Wenn wirkliche Begegnung stattfindet, die einen in der eigenen Tiefe berührt, die also irgendwie auch existentiell ist, so kommen wir an unseren „Grund" oder in unsere eigene Tiefe. Sie führt uns zu den Wurzeln, aus denen wir letztlich unsere Lebenskraft beziehen. Auch wenn in solchen Begegnungen sich Gemeinsamkeiten auffinden lassen, werden diese Begegnungsgeschenke immer als ganz persönlich erlebt: Wir fühlen uns mit einem anderen Menschen verbunden, der als Engel umschrieben wird. Deswegen kann man Engelbegegnungen auch nicht in Normen zwängen. Erst im Austausch mit dem Menschen, der eine solche Begegnung erlebt hat, erschließt sich ihre besondere Gültigkeit. Engel scheinen sich heutzutage in den Tiefenschichten unserer Seele und in der tiefen Verbundenheit mit anderen bemerkbar zu machen. Es ist eine Verbundenheit, die in einem „stummen Sinn" (Husserl) gründet, dessen wir nie ganz habhaft werden können.

Wann immer Menschen von solchen Engelbegegnungen berichten, fällt auf, daß „der richtige oder entscheidende Moment" erwähnt wird. In solchen Momenten trifft offensichtlich etwas zusammen. Man könnte es psychologisch als „Empathie" bezeichnen, als die einfühlsame Beziehungsantwort im rechten Moment. Oder mehr noch, es hat jemand gespürt, was ich in diesem Moment brauche, was meiner Seele beim Wachsen hilft. Eine Klientin hat mir diese Erfahrung berichtet: *Die junge Frau wurde beobachtet, als sie im Supermarkt Genußmittel klaute. Der Beobachter, ein älterer Herr, näherte sich ihr und sagte: „Komm, ich zahl' dir das."* Sie war zutiefst beschämt, es wäre ihr viel lieber gewesen, er wäre irgendwie ungehalten oder strafend gewesen. Daß jemand so anders reagierte, als sie es je erwartet und immer wieder erlebt hatte,

171

setze etwas in ihr in Gang, was sie im nachhinein so beschrieb: *„Nach-dem er meine Sachen bezahlt hatte, war er so schnell verschwunden, daß ich mich nicht mal mehr richtig bedanken konnte. Heute weiß ich, das war mein Engel. Diese großherzige Geste traf mich derart ins Zentrum, daß ich wußte, das ist ein Wink von oben. Der Reiz des Klauens war wie weggeblasen – ich konnte nach dieser Begegnung einfach nicht mehr.“*

Daß Engelbegegnungen tatsächlich einen lebensrettenden Aspekt haben können, macht in besonderer Weise noch folgendes Erlebnis deutlich, das mir von einer Pianistin erzählt wurde: *Nach einer abendlichen Probe befand sie sich auf dem Nachhauseweg, der durch einen Wald in das kleine Dorf führte, in dem sie wohnte. Plötzlich hörte sie die Schritte eines Mannes hinter sich. Sie beschleunigte ihren Schritt, der Mann kam immer näher, sie begann zu laufen. Sie hörte den Atem des Mannes dicht hinter sich und wußte: „Er verfolgt mich.“ In ihrer Panik begann sie zu beten und flehen: „Hilf mir!“ In diesem Moment erschien in dieser gottverlassenen Gegend plötzlich ein Taxi. Es war leer. Sie mußte es nicht einmal anhalten. Wie selbstverständlich stoppte der Taxifahrer und fragte: „Kann ich Sie mitnehmen?“ Im Rückspiegel sah sie, wie ihr Verfolger abrupt kehrtmachte. Dieses Erlebnis nennt sie ihr „Schutzengelerlebnis“ und meint: „Obwohl es jetzt zwanzig Jahre her ist, seit ich dieses Erlebnis hatte, ist mir immer noch so gegenwärtig, als wäre es gestern geschehen. Irgendwie hat sich durch diese Erfahrung mein Vertrauen in die Welt grundlegend gewandelt. Ich weiß zwar, daß es Gefahren und Fallen gibt, aber auch, daß es immer wieder Rettung für mich gibt.“*

In solcher Weise ungewöhnliche und hilfreiche Begegnungen haben etwas Vorwärtsgerichtetes, über sich Hinausweisendes, etwas, das in die Zukunft weist und neue Wege eröffnet. Sie zeichnen sich dadurch aus, daß hier etwas von innen und außen zusammentrifft, was genau in diesem Moment gebraucht wird und deshalb stimmig ist. An dieser Stelle entsteht wieder ein „Übergangsraum“, ein Raum, der etwas zur Verfügung stellt oder „zwischenlagert“, das dem einzelnen hilft, sich selbst zu finden, um von da aus gestärkt und ermutigt weiterzugehen. Dieses Motiv hat Wim Wenders in seinem Film „Himmel über Berlin“ poetisch aufgegriffen:

Aus Liebe zu einer irdischen Zirkusprinzessin, die am Trapez den Engelflug probt, gibt der Engel Daniel sein Dasein als Himmelsgeist auf. In dem von Peter Handke verfaßten Schlußmonolog bekennt der menschgewordene Engel nach seiner ersten Liebesnacht: „Ich habe in dieser Nacht das Staunen gelernt. Sie hat mich heimgeholt, und ich habe heimgefunden. Das Bild, das wir gezeugt haben, wird das Begleitbild meines Sterbens sein. Ich werde darin gelebt haben. Erst das Staunen über uns zwei, das Staunen über den Mann und die Frau hat mich zum Menschen gemacht. Ich weiß jetzt, was kein Engel weiß."

Den Engel in anderen Menschen anzusiedeln wird von manchen als Absage an Gott aufgefaßt. Ich meine aber, daß man damit den Gottesbegriff verengt. Meine Erfahrungen aus der Begleitung von Menschen und meine hoffentlich noch wachsenden Erfahrungen von dem, was Liebe zum anderen Menschen bedeuten kann, versichern mir stets neu: Wenn ich den anderen in seiner Verletzlichkeit und Schutzlosigkeit sehe und mich selbst auch sehen lasse, erfahre ich mich und den anderen in einer Tiefe und Nähe. Ich kann den anderen in mich einlassen. So entsteht etwas, das sich für mich wie Unendlichkeit anfühlt, weil diese Erfahrungen des anderen und mir selbst unermeßlich und unergründlich sind. Darin liegt die Möglichkeit, mit dem „Urgrund", dem Grund des Seins, verbunden zu sein.

■ ■ ■

Engelhafte Menschen

Gibt es überhaupt Menschen, die so unschuldig wie Engel sind? Unschuldig wäre ein Mensch, der nur aus Seele bestünde, ein Tier, das nur einen Körper hätte, oder ein Roboter, der eben nur eine Maschine ist. Solange Menschen in dieser Welt leben, selbst urteilen wollen und sich nicht hinter absoluten Ansprüchen verschanzen, können sie keine Engel sein, egal, wie sie sich auch anstrengen. Menschsein ist eine schwere, mitunter anstrengende, widersprüchliche und manchmal schwer erträgliche Angelegenheit. Gerade dort, wo damit maßlose Ansprüche und Absolutheit verbunden wird, kann es am ehesten in sein Gegenteil – die Unmenschlichkeit oder die Feigheit – umkippen.

So ist mir in meiner Praxis eine Mutter begegnet, die die ganze Familie mit ihrem „engelhaften" Verhalten tyrannisierte: *Sie sprach nie laut und wurde nie ärgerlich. Sie hatte ein regelrechtes System entwickelt, vor und hinter ihrer Familie herzuputzen. Sie hatte sich zum Ziel gesetzt, ihre Wohnung sozusagen unberührt und rein zu erhalten. Sie merkte nicht, daß sie sämtliche Spuren von Leben im Keim erstickte und Beseitigungs- und Vernichtungsstrategien entwickelte, die eine ganze Familie unter Druck setzten. Nach der Schule mußten die Kinder die Taschen an einem bestimmten Ort deponieren, sich waschen, Hauskleidung anziehen, dann wurde zusammen gebetet, am Wochenende auch gesungen. Es gab eine endlose Liste von normalen und besonderen Plänen, die in ihrer Perfektion geradezu unmenschlich waren. Die auffallend trotzigen Reaktionen der Kinder zeigten, daß die Engelhaftigkeit der Mutter eine verdeckte Form der Gewaltausübung war, die die Kinder mit aggressivem Verhalten quittierten. Die Frau wollte das Gute, das Harmonische in ihrem Leben verwirklichen, sie wollte ein Engel sein – und ausgerechnet sie wurde von ihren Kindern als „Putzteufel" bezeichnet.*

Wir sollten vielleicht einräumen, daß das Streben nach moralischer Perfektion nur eine Überhöhung ist, ein eitles Verlangen, mehr zu sein, als wir sein können und als uns guttut. Denn je mehr Gewicht man auf die Vollkommenheit legt, desto weiter schwindet sie. Die ständige Anstrengung, engelhaft sein zu wollen, mündet in einer grandiosen Überforderung und manchmal auch Gefährdung. Denn zum Menschsein gehört es auch, Konflikte durchzustehen und sie zu lösen. Darin bewährt man sich ganz praktisch. Die Erfahrung lehrt immer wieder, daß man in der Not, wenn man Hilfe und Zuwendung braucht, besser bei den Menschen aufgehoben ist, die auch einmal Abstriche von ihren Grundsätzen machen können. Engelhafte Menschen haben eherne Prinzipien, sie können sich nur schwer jemandem öffnen, der in Schwierigkeiten geraten ist. Hinter solchen Prinzipien verbirgt sich oft auch Feigheit, sich einzulassen, etwas zu tun, was Mut und Zivilcourage erfordert. Die Feigheit ist manchmal schwierig zu entlarven, weil sie sich Rechtfertigungen erfindet und hinter angeblich erhabenen Zielen versteckt. Man gibt Grundsätze vor, hinter denen man seiner Feigheit nachgeben darf.

Wir sind keine Engel, und wir sollen auch keine sein. Es gibt kein Leben, das ganz ohne Schuld ist und ohne Verletzungen. Wenn manche Menschen so erscheinen, so ist es meist nur das Produkt eines perfekten Make-up. Die Identifikation mit dem Engelhaften basiert auf der inneren Forderung, ein Mensch müsse mehr sein, als er kann und vermag. Damit wird letztlich nur auf grandiose Weise kompensiert, daß wir Menschen letztlich immer „Mängelwesen" sind. Und es gelingt nur, solange es genügend Menschen gibt, die sich davon beeindrucken lassen.

Es kann also nicht darum gehen, daß wir uns den Engeln angleichen. Denn Menschsein ist nur greifbar, wenn Menschen sich miteinander austauschen, anderen auch Einblick in ihr Inneres erlauben. Menschen müssen untereinander immer wieder aushandeln, was in einer Situation gilt. Engel brauchen sich nie für irgend etwas zu entscheiden, Menschen müssen aber immer wieder und auch in ganz alltäglichen Situationen entscheiden und wählen: Welchen Beruf ergreife ich? Soll ich einen Umzug wagen? Oder ganz banal: Was kaufe ich ein, was ziehe ich morgens an? Menschen sind frei und für ihr Handeln verantwortlich. Deshalb können sie auch immer wieder schuldig werden. Wer engelhaft sein will, vergißt, daß wir bei allem, was wir tun, immer die Macht haben zu handeln oder nicht zu handeln. Schon das Baby übt durch sein Schreien oder Lächeln Macht auf seine Umgebung aus. Es gibt keine Situation, die absolut machtfrei ist: Auch der Depressive, der sich unterwürfig gibt oder als Opfer anbietet, übt Macht aus. Das zeigt sich schon darin, daß sich seine Mitmenschen häufig emotional erpreßt fühlen. Selbst bei einem Psychotherapeuten, der seinem Klienten nur einfühlsam zuhört und nichts tut, spielt immer in irgendeiner Weise Macht mit. Man muß dies allerdings wissen, um bewußt damit umzugehen. Im besten Falle lernen wir, konstruktiv mit der Macht umzugehen. Ganz ohne Macht wäre man zwar wirkungslos, aber nicht schuldlos. Wo Macht bewußt anerkannt wird, kann man seine Verantwortung nicht leugnen, man muß sie auf sich nehmen und sie bewußt zum Guten einsetzen. Wer ein Engel sein will, wäscht seine Hände in Unschuld und bleibt in der Illusion einer schuldlosen Ohnmacht. Weil wir keine Engel sind und auch keine sein sollen, haben wir unsere schöpferischen Ausdrucksformen, die unser einzigartig widersprüchliches Menschsein widerspiegeln, und unsere Sprache, die zur äußeren und gleichzeitig zur inneren Ebene jedes Menschen gehört. Sie ist ein Werkzeug unserer Freiheit, persönlicher Abdruck unseres Denkens. Sie erlaubt, sich mit Wahrheit, Lüge, Schuld und Tod auseinanderzusetzen. Diese Fähigkeit zur schöpferischen Tätigkeit, die es so nirgends in der Natur gibt, ist eine Besonderheit des Menschen.

Wir empfinden dies oftmals als Überforderung. Doch wir können Trost finden, indem wir uns bescheiden und die Momente auskosten, die sich wie Engelsgeschenke anfühlen. Der Alltag hält genügend Gelegenheiten bereit, in denen wir uns in vollkommener und segensreicher Einheit mit dem fühlen, was wir tun. Das geschieht bei Aktivitäten, die auf eine besonders achtsame Weise vorbereitet und geübt sind. Es sind Situationen, in denen wir uns ganz hingeben und ohne Reserven unbekümmert füreinander dazusein wagen, im Gespräch in engen persönlichen Beziehungen, im Bett, beim Musizieren oder am Küchentisch, wo wir alles geben, was wir zu geben haben. In solchen Momenten ist Engelhaftigkeit gleichbedeutend mit Liebe, Einklang, Schönheit – mit dem Gefühl von absolutem Vertrauen in das Leben. Wir können den Lebensstrom frei fließen lassen.

Es kommt darauf an, daß wir unser Menschsein nicht nur ertragen, sondern auch annehmen und lieben lernen. In Zeiten, in denen wir dieses Vertrauen verlieren, benötigen wir eine liebevolle Haltung uns selbst gegenüber. Oder, um ein aus der Mode gekommenes Wort zu gebrauchen, „Barmherzigkeit". Es ist ein zentrales Wort der christlichen Liturgie – „Kyrie eleison". Barmherzigkeit ist eine Haltung, die man finden muß. Sie stellt sich nicht von allein ein, und sie kann auch verlorengehen. Gelingt es indessen, sich zu dieser Haltung zu bekennen, hat man in bescheidener Weise Anteil an der Kraft, die den Engeln zugeschrieben wird. Hat man sie gefunden, kann man sie auch an andere weitergeben.

Ein altes sumerisches Sprichwort sagt sinngemäß: „Handle – mach deinem Gott Vergnügen." Das bedeutet: in Übereinstimmung mit den Augenblicksbedingungen das Notwendige tun. Etwas Gutes zu bewirken ist also wichtiger als engelhafte Prinzipien. Im Zweifelsfall haben wir einen Wegweiser: die Liebe.

ENGEL SETZEN KREATIVITÄT FREI

Sind die Phantasievollen den Engeln näher?

Von den Engeln haben im Laufe der Geschichte große Persönlichkeiten gesprochen, so Dionysius Areopagita (6. Jahrhundert), Hildegard von Bingen (1098–1179) oder Thomas von Aquin (1225–1274). Alle gingen sie von einer Vielzahl von Engeln aus. Der große Mystiker Meister Eckhart (1260–1328) sagte etwa, daß die Engel zahlreicher als die Sandkörner auf der Erde seien. Und alle diese Engel sind verschieden – sie stellen eine wirkliche Herausforderung an unsere Phantasie dar. Diese Vielzahl unterschiedlicher Engel spiegeln in der Tat, wie grenzenlos die menschliche Phantasie ist. Genaugenommen könnte man sogar sagen, jedes Erscheinen eines Engels ist eine Uraufführung, einmalig, ganz genauso noch nie dagewesen und nie wiederkehrend. In ihnen spiegelt sich unsere Kreativität. Kreativ zu sein, bedeutet immer auch, etwas in einen Bedeutungszusammenhang einzubetten, in den vielen zersplitterten Erfahrungen so etwas wie einen Sinn auszumachen – oder auch umgekehrt: im scheinbar einheitlichen Alltagsgrau die vielen Farben und Differenzierungen des Lebens zu entdecken. Folgendes Beispiel macht dies anschaulich:

Kürzlich klagte eine Klientin, daß sie so blockiert sei. Ihr Leben sei so flach, nichts bedeute ihr etwas. Sie gehe achtlos an den Dingen vorbei, habe keine Träume und keine Wünsche. Als wir darüber sprachen und ich ihr deutlich machte, wie sehr sie sich dafür abwerte, war sie irgendwie erleichtert und konnte plötzlich meine neue Kerze, die auf meinem Tisch stand, wahrnehmen. Wir schauten sie gemeinsam an. Nachdem sie ein bißchen zu der Kerze assoziierte, kam ihr plötzlich der Gedanke: „Eine Kerze ist ja nicht nur Licht, sie könnte ja auch Hoffnung bedeuten." Indem sie zuließ, sich gefühlsmäßig anrühren zu lassen, gewann ihr Denken mehr Farbe, ihr Sprechen wurde lebendiger. Man kann Bedeutung und Sinn allerdings erst dann finden, wenn man ergriffen und gefühlsmäßig erfaßt ist. Klammert jemand seine Gefühle aus, so wie das bei der Klientin der Fall war, dann kann er nur denken, nachdenken, weiterdenken, aber er erlebt nichts.

Dieser Aspekt führt zur kreativen Seite der Engel. Man kann sie nur erleben, wenn man sich beeindrucken lassen kann, wenn man fähig ist, sein inneres Erleben wahrzunehmen und ernst zu nehmen. Wer nicht fühlen, sich nicht beeindrucken, nicht staunen und sich bewegen lassen kann, wird es schwer haben, seinen Engeln zu begegnen. Sie brauchen, um in unser Leben zu treten, unsere Empfänglichkeit und Resonanz. Dieses Berührtsein kann man mit Phantasien und Assoziationen erweitern, und allmählich ergibt sich daraus so etwas wie eine eigene „Schöpfung", ein Bedeutungszusammenhang und damit auch Sinn. Ein Musiker faßt dieses Erleben in Worte: *„Ich erlebte es beim Geschirrspülen. Plötzlich ging alles wie von selbst, die Teller hörten auf zu klirren, die Spülbürste tanzte wie von einer unsichtbaren Hand geführt in schwungvollen Figuren, Spiralen und Wellen, wie geheime Zeichen oder Botschaften aus einer anderen Welt, die ich unmittelbar verstand."*

Die Möglichkeit, Engeln zu begegnen, kann man zwischen zwei Polen einordnen. Auf der einen Seite finden wir das Unvorhersagbare, Überraschende, Neue. Je mehr wir uns dafür öffnen, desto weiter wird auch unsere Erfahrung, die nun das Neue, Überraschende, Kreative zuläßt. Desto weniger haben wir aber auch Prognosen, Muster und Richtlinien zur Hand. Und das bedeutet auch, daß wir nun in größerem Maße der Angst vor dem Unberechenbaren ausgeliefert sein können. Auf der anderen Seite finden wir das Ordnungsdenken und das Planbare. Je mehr wir diese Seite kultivieren und Regelmäßigkeiten und Ordnungen (er)finden, desto sicherer wird unsere Welterfahrung. Aber sie wird auch unlebendiger, enger, starrer und langweiliger.

Natürlich fällt der kreative Spielraum bei jedem Menschen verschieden aus. Dies hängt von Erfahrungen ab, die dem einzelnen schon von früh an Vertrauen und Spielräume gaben, und von sinnlichen leiblichen Erfahrungen, die unsere Flügel mehr oder weniger schwingen ließen. Nach Winnicott gibt es jedoch keine völlige Zerstörung der kreativen Lebensmöglichkeiten. In jedem von uns ist irgendwo ein Bereich verborgen, der schöpferisch ist: Dort kann man das „Schwingen seiner Flügel" noch spüren. In meiner Arbeit mit Klienten habe ich immer wieder bemerkt, daß sie, wenn sie an ihre Träume, Bilder und Phantasien herankommen, sich ganz wach, lebendig und im Einklang mit sich und der Welt fühlen. Noch mehr – sie fühlen sich wie verwandelt und in der Nähe der Engel. Es ist, wie wenn die Schöpfung mit ihnen in diesem Moment eins wäre. Ihr Mut, die Grenzen ihrer Wahrnehmungen, zu öffnen und „durchlässig" zu werden, erfüllt sie ganz. In den Künstlern, die die besondere Gabe besitzen, ihren Vorstellungen zu folgen, zeigt sich diese kreatürliche Phantasie auf eine ganz besonders eindrucksvolle Weise. Doch diese Phantasie steckt in uns allen und wartet darauf, Flügel zu bekommen. Auch von den Kindern können wir lernen, indem wir beobachten, wie sie mit Hingebung mit ihren Figuren und Puppen spielen. Diese konzentrierte Hingabe erlaubt dem Kind, über sich hinauszugehen, es gestaltet seine Welt und erprobt sich in dieser selbstgeschaffenen Welt. Dieses schöpferische Tun gibt dem Kind das Gefühl, lebendig zu sein. Damit ist auch ein Glücksgefühl verbunden, das wir später immer wieder erleben, wenn es uns gelingt, uns erneut mit dieser kindlichen Hingabe zu verbinden. Diese Verfassung des hingebungsvollen Versunkenseins läßt sich wiederfinden, wir brauchen dazu keine begnadeten Künstler zu sein. Sie ruft nach uns in den vielen kleinen Dingen, die darauf warten, von uns ernst genommen zu werden. Dieser spielerische Ernst entfaltet sich meist absichtslos, er ist der schöpferische Kern in uns, der Ort, wo wir unseren Engeln begegnen. Wenn man mit wachen Sinnen durch die Welt geht, kann unsere Kreativität in kleinen Zeichen eine Bedeutung finden. So erzählt eine junge Frau: *„Plötzlich fand ich am Strand eine weiße Feder, sie wurde direkt vor meine Füße geweht. Es war, als ob sie zu mir sprechen wollte: ‚Geh weiter, es wird alles gut!'"*

In allen Engelerfahrungen sind schöpferische Prozesse am Werk. Sie verweisen auf Dimensionen, die Menschen nicht selbst schaffen können, weil sie der Machbarkeit entzogen sind. Man kann sich ihnen aber schöpferisch, spielerisch mit Phantasien, Bildern, Vorstellungen und Kreativität nähern. Manchmal ist es eine Art Selbstgespräch, in dem ich mir selbst zum Zeugen meiner Gespräche werde, die ich mit mir selbst, meinem „inneren Engel" führe. In dieser intimen, versunkenen Zwiesprache mit dem eigenen Selbst erschließen sich die Symbole. Ein Monolog, der gespeist wird aus dialogischen Erfahrungen, die ich im Lauf der eigenen Lebensgeschichte verinnerlicht habe. Dadurch, daß ein Mensch sich „selbst zum Engel" wird, kann er selbst in extremer Vereinzelung, Einsamkeit oder Verlassenheit mit sich sprechen, sich selbst erfassen, begreifen, verstehen und sich selbst Zuwendung geben. Er kann sich für innere Räume öffnen, in denen er sich auf Quellen beziehen kann, die Schutz und Geborgenheit vermitteln. Für einen Klienten von mir, der sich gerade von seiner Frau getrennt hatte, waren es die Gedichte, die er schrieb. In ihnen versuchte er, das Ungreifbare seiner Einsamkeit zu „verdichten". Seine vierzeiligen Gedichte nannte er „Eine Botschaft an mich selbst, über mich selbst". In diesen Zeilen steckte oft mehr als in den vielen Worten, mit denen er mir seinen Zustand beschrieb. Er schenkte mir eines seiner Gedichte, hier sind die letzten zwei Strophen eines Gedichtes zitiert: *„Kannst Du mich sehen? / Hör ich Dich? / Bist Du in mir? / Spür ich Dich? / Erzähl mir / was Du noch / nie, nie / jemandem / zu erzählen / gewagt."*

In solcher letztlich unzerstörbaren Fähigkeit zur Kreativität liegt auch die sozusagen natürliche Dimension religiöser Symbolisierungen. Schöpfungsprozesse strecken sich immer auch nach dem Jenseitigen aus, über das wir nicht verfügen können und das zugleich „über" und in uns liegt. Wir können uns dieser Dimension nur annähern. Wenn wir uns unserer Tiefe bewußt sind, wir sie noch spüren und solange sie nicht verschüttet ist, werden uns Möglichkeiten des Zugangs erschlossen. Dieser Zugang kann sich uns in einer religiösen Erfahrung, einer Kosmoserfahrung oder in einer Engelbegegnung eröffnen. Und dann wissen wir: Unsere Suche, unser Ringen, unsere Fragen bleiben nicht ungehört.

Engel und Inspiration

Woher nehmen die Maler ihre Farben, die Musiker ihre Töne, die Poeten ihre Gedanken? Was weiß man über Einfälle und Inspirationen? Es gibt eine ausufernde Literatur zum Thema „Kreativität". Mich interessieren hier aber die Hintergründe und Erfahrungen von Menschen, die, wie sie sagen, ihre Ideen und ihr kreatives Tun „den Engeln verdanken". Friedrich Nietzsche hat diese Erfahrung in folgende Worte gefaßt: *„Mit dem geringsten Rest von Aberglauben in sich würde man in der Tat die Vorstellung, bloß Inkarnation, bloß Mundstück, bloß Medium übermächtiger Gewalten zu sein, kaum abzuweisen wissen. Der Begriff Offenbarung, in dem Sinn, daß plötzlich mit unsäglicher Sicherheit und Feinheit etwas sichtbar, hörbar wird, etwas, das einen im Tiefsten erschüttert und umwirft, beschreibt einfach den Tatbestand. Man hört, man sucht nicht; man nimmt, man fragt nicht, wer da gibt; wie ein Blitz leuchtet ein Gedanke auf, mit Notwendigkeit, in der Form ohne Zögern – ich habe nie eine Wahl gehabt ... Alles geschieht im höchsten Maße unfreiwillig, aber wie in einem Sturm von Freiheitsgefühl, von Unbedingtsein, von Macht, von Göttlichkeit."* Diese „übermächtigen Gewalten" lassen sich in unserem Zusammenhang durchaus als Engel verstehen, auch wenn Nietzsche diese nicht so benennt. Für Nietsche steht ein Mensch, der sich schöpferisch betätigt, unter metaphysischem Einfluß und ist auf Offenbarungen angewiesen, die ihm sozusagen zufallen. Von diesem Rückbezug auf Quellen, die außerhalb der Verfügbarkeit des Menschen liegen, sprechen im wesentlichen ja auch die Engelerfahrungen. Davon wissen nicht nur Philosophen zu sprechen, sondern auch die Maler, Dichter und Musiker. So kommt es auch Pablo Picasso auf diese geheimnisvollen Korrespondenzen an, wenn er sagt: „Ich suche nicht, ich finde." Und selbst der scharfsinnige Robert Musil spricht von einem gewissen „Etwas": „Wir denken nicht über etwas nach, sondern etwas denkt sich in uns herauf." Am deutlichsten bekannte es wohl Rainer Maria Rilke, der immer wieder behauptete, die „Duineser Elegien" seien das Ergebnis eines göttlichen Diktats gewesen. Und auch heutzutage äußern Menschen, die kreativ tätig sind, ähnliches:

„Ich kenne Engelinspirationen, die nichts mit meiner eigenen Bewußtseinstätigkeit zu tun haben. Eine Engelinspiration weicht vom Inhalt der eigenen Denkabläufe ab." Oder: *„Ich spreche mit meinem Engel schon seit Jahren wie mit einem guten Freund. Ohne ihn hätte ich keinen einzigen Artikel schreiben können. Wenn ich nicht weiterweiß, dann schließe ich meine Augen, horche nach innen und frage ihn. Mit seiner Hilfe geht alles wie von selbst. Es ist, als ob mir die Ideen von irgendwoher zufallen."*

Wenn diese Menschen von „Engeln" sprechen, so sind es vermutlich Umschreibungen, die sich auf einen Fundus vorhandener innerer Bilder beziehen, die sich mit dem decken, was sich mitteilt. So läßt sich auch diese schlafwandlerische Sicherheit erklären, mit der in den beiden obengenannten Aussagen die Engel als Quelle der Inspiration erlebt werden. Tiefenpsychologen sprechen in diesem Zusammenhang von einer archaischen Seelenschicht, die sich in Bildern, Phantasien und Träumen äußert. Entscheidend ist nicht, wie die Engel jeweils aussahen, oder ob es sie tatsächlich geben kann, sondern was sie vermitteln. In diesen Inspirationen entsprechen sich offensichtlich die inneren Seelenbilder und die äußeren Objekte, und damit erscheint alles in einem neuen Licht.

Die Erfahrung von Licht wird häufig gemacht, wenn Engel ins Spiel kommen. Häufig spricht man auch von der Lichtgestalt der Engel: „In seiner Gegenwart ist alles in Licht gehüllt." „Als ich völlig am Boden war, kam plötzlich dieses unglaublich schöne Licht durch das Fenster." „Meine Erfahrung ist ein inneres Licht." „Nach diesem Lichtempfang wußte ich, daß es irgendwie weitergeht." Plötzlich wird etwas erhellt, was vorher im Dunkeln lag. Es leuchtet ganz intuitiv ein. Und in der Tat kann man Intuition am besten mit Einleuchten übersetzen, also etwas, das ich nicht denken kann, das mir einleuchtet. „Mir geht ein Licht auf", „einleuchten", „aufleuchten", sagt man. Gerade bei kreativen Prozessen erleben es Menschen immer als äußerst beglückend, wenn ihnen plötzlich ein Licht aufgeht und sie auf einmal etwas merken oder entdecken, was sie vorher nicht gesehen hatten. Oder sie sagen: „Mir fällt etwas ein", „Uns fällt etwas zu". Auch solche Aussagen werden immer wieder mit Engeln in Verbindung gebracht, und zwar dann, wenn die Frage gestellt wird, woher denn diese plötzliche Erkenntnis kommt. Ein Junge antwortete darauf halb spaßhaft: „Aus der Engelwelt fällt es runter. Aber natürlich ist mein Verstand dazu da, es aufzuheben."

Es scheint wohl so, daß Menschen dort, wo sie verborgene Absichten vermuten, zu Umschreibungen greifen, die sich mit ihren inneren Bildern decken. C. G. Jung nannte dieses Phänomen „Synchronizität". Für ihn war auch das schöpferische Tun ein solches synchrones Ereignis, weil hier Inneres und Äußeres auf geheimnisvolle Weise kooperieren. Neue Erkenntnisse, Ideen und kreative Einfälle haben demnach ihren Ort in diesem Übergangsraum, der auch der Ort der Engel ist. Ein Raum, der uns wenigstens für Momente über die Welt der nackten Tatsachen hinausblicken läßt. Eine Welt, in der es nicht linear und „alles der Reihe nach" zugeht, sondern in der alles miteinander verbunden ist und gleichzeitig sein kann. Kreative Sprünge und Einfälle wie auch die Welt der Engelerscheinungen weisen beide auf einen gemeinsamen Grund hin. Beide wurzeln in der Verbundenheit.

Engel und Musik

„Wo die Sprache aufhört, fängt die Musik an." Dieser Satz faßt in Worte, daß wir besonders in der Musik auf besondere Weise berührt und angerührt werden. Musizierende und singende Engel sind uns von unzähligen Abbildungen und Darstellungen vertraut. Sie spielen alle möglichen Instrumente: Harfen, Geigen, Gitarren, Posaunen. Manchmal sind es ganze Engelchöre, zu denen die Orgel erklingt. Die Orgel wurde symbolisch gedeutet, und die unterschiedlichen Pfeifen wurden mit dem Leben der Heiligen in Zusammenhang gebracht. So wie jede Orgelpfeife sich von allen anderen unterscheide und einen ganz unterschiedlichen Ton ergebe, so unterschiedlich sei auch das jeweilige Leben der Heiligen: Einer betet freudig, der andere klagt, ein dritter fastet, und ein vierter durchwacht die Nächte. Daß die Musik die Tore zum Himmel öffnet, dafür gibt es Hinweise in fast allen Religionen. Es sind meistens sehr innige Bilder, und etwas von der Leichtigkeit und Heiterkeit der Engel teilt sich uns mit. Hören oder machen wir Musik, so ist diese Versunkenheit, dieses Berührtsein noch unmittelbarer zu erfahren. Mozarts Musik kann in der innersten Tiefe berühren. Johann Sebastian Bach hat seine Musik zur alleinigen Ehre Gottes geschrieben: Seine Kompositionen sind alle mit den Worten „Soli Deo Gloria" überschrieben.

Ähnlich wie die Engel verweist Musik auf ein Höheres und auf ein Tieferes, sie kommt aus dem Inneren der Seele und verweist auf etwas außerhalb von uns. Sowohl bei der Musik als auch bei Engeln spricht man von Mächten, die uns ergreifen oder die sich uns mitteilen. Solche Erlebnisse können mit der Sprache nicht erfaßt werden. Der schöne Klang ist es, der auch in den Menschen etwas anklingen läßt und dort Resonanz findet. Wenn Menschen von ihren Engelerfahrungen berichten, sagen sie oft, daß sie „sprachlos vor Glück", „stumm vor Staunen" oder „unaussprechlich ergriffen" waren. In ihnen klingt etwas nach, der Ton kann die inneren Vorgänge unmittelbarer wiedergeben als die Sprache. Der schöne Klang rührt uns an, beglückt uns und kann uns sogar verzaubern. Viele Mythen und Märchen wissen von der magischen Kraft des musikalischen Klanges: Er kann wilde Tiere zähmen, Kranke heilen und die Engel herbeirufen. Solche Mythen und Märchen geben unseren Träumen Gestalt. Wir alle träumen zuweilen davon, daß sich die Trennung zwischen Ich und Nicht-Ich, zwischen innen und außen aufhebt, daß wir im Einklang mit unseren Wünschen und Hoffnungen sind. Wenn wir mit der eigenen Stimme oder einem Instrument selbst Musik machen und uns gelingt ein schöner Ton oder Klang, so schaffen wir eine äußere Wirklichkeit, in der wir unseren Wunschtraum erleben. Ähnliches geschieht, wenn wir die Engel herbeirufen: Im schönen Klang und in den Engeln erleben wir, daß Überschreitungen möglich sind und daß wir uns Übergänge zu einer Wirklichkeit schaffen können, die das Gegenwärtige übersteigt. Der Dirigent Georg Solti bekannte einmal, daß ihn die Musik Mozarts von der Existenz Gottes überzeugt habe. In der Musik und in den Engeln verbinden sich Menschen mit der sozialen sowie mit der spirituellen Dimension.

Anders als die bildende Kunst ist Musik vergänglich, wirklich und unwirklich zugleich. Der Klang ist flüchtig und damit unverfügbar, und das sind Eigenschaften, die uns mit dem Transzendenten in Verbindung bringen. Musik und Engel sprechen in besonderer Weise die Sprache unserer Sehnsucht. In unserem Alltag bedeutet es immer wieder Arbeit, unsere Innenerfahrung mit der äußeren Wirklichkeit zueinander in Beziehung zu setzen. Sonst würden wir uns nur allzuschnell in einer Traumwelt verlieren oder umgekehrt nur noch in der Welt des Rationalen bewegen und jedes Gefühl, jedes Hoffen von vornherein ausschließen. Im musikalischen Mitschwingen erleben wir die Widersprüche zumindest für kleine Zeitspannen als aufgelöst. Die Musik stellt uns einen Zwischenbereich zur Verfügung, in dem sich Selbsterleben und Welterleben zusammenfügen. Ihre Symbolik weist über das konkret Erlebte hinaus. Musik ist offen für jede Interpretation – jeder Mensch erlebt sie anders, und sie wirkt sowohl auf der seelischen wie auch auf der körperlichen Ebene. Musik stellt die Beziehung zwischen den verschiedenen Ebenen her, sie integriert sie so, daß der Musizierende oder der Musikhörende sich „ganz" fühlt. Was der einzelne in der Musik erlebt, an was sie ihn erinnert, welche inneren Bilder in ihm aufsteigen, welche Gefühle er dabei empfindet, bleibt offen und ist auch von der jeweiligen Situation abhängig. Musik wird immer wieder anders gehört. Musikerleben wie auch das Erleben von Engeln ist ein intimes Geschehen. In diesem Geschehen offenbart sich ein Stück bewahrende Welt, in der wir uns wiedererkennen und wiedererkennen möchten und die unsere Verletzbarkeit und Schutzbedürftigkeit zuläßt. Im Idealfall tauchen wir aus dieser Welt wieder gestärkt und verändert hervor.

Wir müssen uns aber bewußt sein, daß auch der Übergangsbereich keine heile Welt ist, in der wir uns einrichten können. Denn sie lebt ja aus der Spannung zwischen dem, was uns bewahrt, und dem, was uns bedroht. Auch Engelerfahrungen haben diese zwei Seiten. Im Wissen darum, daß das Bedrohtsein unausweichlich zu uns gehört, kann ich mich dem Bewahrtsein zuwenden, dem Raum, in dem auch die Engel beheimatet sind.

Indem wir unsere innere und äußere Wirklichkeit miteinander in Verbindung bringen und dabei ordnen, entsteht so etwas wie Ich-Welt-Harmonie. Das kann geschehen, wenn wir uns musikalisch in neue Ausdrucksbereiche hineintasten: Plötzlich wird etwas klar, es entsteht ein „Einklang". Das kann im künstlerischen Gestalten, beim Malen etwa, geschehen, wenn plötzlich etwas sichtbar wird, was zuvor noch nie gesehen wurde. Das kann aber auch geschehen, wenn wir in einer bedrohlichen Erfahrung einem Engel begegnen, der die Bedrohlichkeit entschärft. Dann können wir ein Stück weit reifen. Wo dies gelingt, erleben wir vorübergehende Befreiung – die Welt ordnet sich etwas, man wird in seinem Selbst bestärkt. So entsteht das, was wir als Sinn erleben.

Den Engeln Gehör schenken

Augustinus soll gesagt haben: „O Mensch, lerne tanzen, sonst wissen die Engel im Himmel nichts mit dir anzufangen." In diesen Worten kommen Musik und Bewegung zusammen. Und offensichtlich wußte er, daß keine Sprache angemessen zum Ausdruck bringen kann, was Engel für Menschen bedeuten und bewirken. Die Sprache der Normalwelt, die alltägliche Begriffssprache ist wenig geeignet, Engelerfahrungen auszusprechen und darüber zu kommunizieren. Schließlich haben die Engel ja ihren Ort in dem Bereich, wo vorsprachliches und sprachliches Erfassen der Welt sich berühren.

Daß wir diese Sphäre überhaupt wahrnehmen können, hängt mit den beiden Hemisphären unseres Großhirnes zusammen. Man geht davon aus, daß unser Gehirn in zwei komplementäre Hemisphären differenziert ist, wobei die dominante Hemisphäre – bei Rechtshändern ist es die linke – den kognitiven Weltzugang steuert. Dort findet demnach das verbale, logische Denken statt. Die nicht-dominante Hemisphäre erschließt hingegen die religiösen, mythischen, kreativen und künstlerischen Sphären, die sich in entsprechend intuitiven, ganzheitlichen und sinnlichen Erfahrungen äußern. Mit der linken Hemisphäre treiben wir sozusagen Mathematik, während die rechte Musik hört und Kunstwerke schafft. Natürlich arbeiten beide Hemisphären eng zusammen, aber in der neueren Bewußtseinsforschung ist man der Ansicht, daß jede Hirnhälfte nicht nur eigene Denkprozesse in Gang setzt, sondern auch über ein eigenes Bewußtsein verfügt. Kleinkinder sind noch wesentlich ganzheitlich orientiert. Doch mit dem vierten Lebensjahr setzt die Ausrichtung auf die Dominanz linkshemisphärischer Bewußtseinsqualitäten ein und damit auch der Übergang von einer eher auditiven zu einer mehr visuell ausgerichteten Psyche.

Der „Boom" auf die Engel mag eine Gegenreaktion auf diese einseitige linkshemisphärische Ausrichtung unserer Seele sein. Jedenfalls kann man die Wiederkehr der Engel als Sehnsucht nach unserem „anderen Geist" deuten. Dies ist nur allzu verständlich, wenn man bedenkt, wie durchrationalisiert unsere Welt ist.

Der amerikanische Psychologieprofessor Julian Jaynes, der in seinen Untersuchungen von den Ergebnissen der neueren Bewußtseinsforschung ausgeht, spricht in diesem Zusammenhang von der „bicameralen Psyche". Die rechte Hirnhemisphäre – so lautet seine These – könnte einst die Fähigkeit besessen haben, die Stimmen der Götter zu hören und ihren Weisungen zu „gehorchen". Diese Fähigkeit, Götterstimmen zu hören oder Göttererscheinungen wahrzunehmen, bezeichnet er mit diesem Terminus „bicamerale Psyche", das heißt „Zwei-Kammer-Psyche". Gemeint ist damit eine archaische Form des Erlebens, die die Impulse der rechten Hirnhemisphäre – ihre Eingebungen, Vorahnungen und Geistesblitze – als Stimmen der Götter auffaßte. Für die archaischen Menschen waren die Götter sozusagen ständig anwesend und gegenwärtig. Sie wohnten in dem Bereich, den wir heute der rechten Hirnhälfte zuordnen. Man nahm die Götter sinnlich wahr. Es machte keinen Unterschied, ob sie im Wachen oder Traum als Abenddämmerung oder als Tier erschienen. Sie mußten die Götter nicht glauben oder ahnen, sie erfuhren ihre Gegenwart unmittelbar, als würden sie in ihnen wohnen. Die Menschen waren nicht allein, in einer Kammer ihrer rechten Hirnhälfte wurden die Götter beherbergt. Zwar haben sich die Menschen unleugbar immer linkshirniger entwickelt, doch ist die „Bicameralität" keineswegs verschwunden. Das beweisen unsere Eingebungen, Intuitionen, Geistesblitze und Ahnungen. Zwar können wir mit der linken Hemisphäre wesentlich effizienter, schneller und zielorientierter unsere Wirklichkeit wahrnehmen und bewältigen, aber wir brauchen offenbar auch die rechte Hemisphäre. Denn es ist nicht gelungen, die musische Hälfte aus dem Bewußtsein zu verdrängen. Wenn sich rechte und linke Hirnhälfte miteinander über die Engel unterhalten würden, so würde die rechte Hälfte auf die Skepsis und Rationalität der linken wahrscheinlich antworten: „Es gibt die Engel wirklich, auch wenn die linke Hälfte sie nur zu denken und nicht zu erfahren vermag." Es hat den Anschein, als würden gerade heutige Menschen von der großen Sehnsucht angesteckt, die dieser im Musischen schwimmende andere Geist hervorbringt. Das Wiederaufleben des Interesses an den Engeln ist ein Zeichen dafür.

Die Musik wie auch die Sprache der Engel ist hauptsächlich in dieser nicht-dominanten Hirnhemisphäre angesiedelt. Als Musikerin würde ich am liebsten sagen, ihren eigentlichen Ausdruck finden die Engel am ehesten in der Musik. Und in der Tat wollen wir das, was uns Engel in der jeweiligen Situation mitteilen wollen, ja hören. In der Musik läßt sich am ehesten die Gebärde der Engel nachempfinden, ihre Anmutung wird hier am ehesten nachvollziehbar. Der oder die Musikausübende oder Hörende nimmt die Resonanz und den Klang ganz in sich hinein. Alle Sinne sind durch die Musik angesprochen, denn Musik wird, wenn sie nicht in Bewegung übersetzt wird, mit dem ganzen Körper gehört. Resonanzkörper ist also nicht nur das Ohr, sondern beispielsweise auch der Rücken und die Bauchdecke. Töne, Klänge dringen ein und öffnen unsere Wahrnehmungsräume. Musik ist immer auch Bewegung. Es ist ein umfängliches Wahrnehmen mit der ganzen Seele und auch mit dem Körper. Dieses Wahrnehmen hat eine besondere Qualität und wirkt sich auf das ganze Leben aus. Diese Erkenntnis wußte schon die Bibel. Das Lukasevangelium erzählt etwa davon, daß Maria alle Worte, die sie von den Hirten an der Krippe in Bethlehem hörte, behalten und in ihrem Herzen bewegt habe. Voller Aufmerksamkeit und völlig konzentriert auf den gegenwärtigen Moment sieht sie ihr Kind und hört, was die Engel den Hirten verkündeten. Sie denkt nicht an andere Dinge, sondern ist mit all ihren Sinnen bei dem, was gerade geschieht. Deshalb kann sie die Worte hören, behalten und in ihrem Herzen bewegen – ein Zeichen tiefsten Verstehens der Botschaft der Engel, weil es über die Empfindung und das Gefühl in das Zentrum des Herzens aufgenommen wird. Engel wollen also mit allen Sinnen wahrgenommen werden, damit sie ihre Bedeutung entfalten können. Dazu muß man außerordentlich gesammelt sein, konzentriert auf das, was gerade jetzt ist, ganz achtsam und gegenwärtig. Hier erst offenbart sich wahres Verstehen.

Als Musikerin bin ich geneigt zu sagen, die Engel aktivieren das Hören mit dem „dritten Ohr". Damit ist ein Hören gemeint, das über das normale „Alltagshören" hinausgeht. Dieses innere Hören, das – wie Mozart es ausdrückte – „alles auf einmal hört", verweist auf das Nahe, das Überwältigende, das Unerwartete, das Besondere und zu gleicher Zeit wieder Verschwindende, das sich dem Zugriff entzieht. Das haben Engel und Musik gemeinsam. In beiden läßt sich eine Wirklichkeit ahnen, die das Gegenwärtige übersteigt. Sie ernst zu nehmen hieße, dem Leben seine Geheimnisse und Wunder wieder zurückzugeben. Denn das alltägliche Leben geizt eher mit seinen Wundern.

VON DEN SCHATTENSEITEN
DER ENGEL

Engel ohne Götter?

Ein wesentlicher Grund der Faszination der Engel liegt in ihrer „überkonfessionellen" Schutzfunktion, die sie frei von Glaubenskämpfen als multikulturelle Völkerengel, Führungsengel, Hüterengel, Begleitengel, Wächterengel über alle Grenzen hinweg und weltweit erfüllen. Allerdings sind Engel auch eine gefährdete Art. Denn vor allem in gewissen esoterischen Kreisen sind sie zu einem eigenständigen Zwischending geworden, das mit der ursprünglichen Botenfunktion der Engel nicht mehr viel zu tun hat. Die Engel selbst werden als göttliche Wesen gesehen. Und da liegt die Versuchung nahe, sich ihnen blind zu unterwerfen wie einer nicht hinterfragbaren Autorität. Dann kommt es eben zu folgenden Aussprüchen: „Ich muß erst meinen Engel fragen." „Das erlaubt mir mein Engel nicht." Die Engel erhalten damit eine Befehlskraft, die hinausläuft, daß einem jemand sagt, wo es langgeht. Nicht Selbstfindung, Autonomie und Persönlichkeitsreifung ist hier gefragt, sondern die Unterwerfung unter eine Autorität. Der Theologe Hans-Dieter Leuenberger sieht darin sogar „die Gefahr für Abhängigkeiten". Und wenn alle Stricke nach oben reißen, dann orakelt man sich seine Zukunft mit Engelkarten eben selbst aus.

Engel verweisen immer auf etwas anderes, sie lassen sich mit Orakelkarten nicht greifen. Ein sechsjähriges Mädchen drückte dies so aus: „Engel kommen selten allein." Kinder können Zusammenhänge noch ganzheitlich erfassen. Denn Engel sind nämlich, wie das Mädchen schlüssig zum Ausdruck bringt, keine eigenständige Wesen, sondern sie sind Vermittler. Sie stehen mitten in der Welt zwischen Menschen und Gott. Auch die Engel brauchen den Hintergrund des allumfassenden Geborgenseins. Sie selbst sind es nicht, sie können es nur vermitteln. Das wird unmittelbar einsichtig, wenn wir uns daran erinnern, daß sich ein Kind erst dann einem Übergangsobjekt zuwenden kann, wenn im Hintergrund die Mutter mit ihrer sorgenden Beziehungsantwort da ist. Jemand muß dem Kind Geborgenheit und Schutz schenken, damit es diese dann auch später erleben kann, wenn die Mutter einmal nicht vorhanden ist. Daraus entwickelt sich dann Vertrauen in die eigene Person, in die anderen, in die Welt und schließlich auch ein Vertrauen in Gott. Doch nur, wenn es den Bezug auf den „Hintergrund" gibt, der Halt und Geborgenheit garantiert, dann können Engel und Übergangsobjekte ihre Aufgaben erfüllen. Die frühkindliche Geborgenheitserfahrung und die spätere Fähigkeit, vertrauensvoll an das Gute und Bewahrende zu glauben, hängen zusammen. Die frühkindlichen Prägungen bilden die Basis und Voraussetzung für eine gute Entwicklung der Persönlichkeit. Wir brauchen diese Räume der Geborgenheit nicht nur dringend, um überhaupt leben zu können, sondern auch, um einen Schutz zu finden, wenn man meint, den Widerfahrnissen des Lebens ausgeliefert zu sein.

Engel zeigen also immer auf etwas anderes. Denn sonst wären sie so ziellos, richtungslos und ohne Sinn, wie wir uns in solchen Momenten fühlen, wenn wir sie brauchen. Deswegen konfrontieren Engel uns immer auch mit der Frage: Was trägt mich wirklich? Was ist meine Ausrichtung? Getragen fühle ich mich dann, wenn ich mich in Verbindung mit etwas erlebe. Es muß etwas sein, das mich auch wirklich tragen kann und also größer ist als mein kleines Ich. Getragen kann ich mich in Verbindung mit Menschen fühlen, sogar dann, wenn sie nicht unmittelbar um mich herum sind. Ich trage dann ihre Zuversicht, ihr Vertrauen, ihre Bejahung in mir selbst: Ich habe ein tiefes Vertrauen zu ihnen. Wirklich getragen kann ich mich allerdings nur fühlen, wenn ich mich auch in mir selbst getragen fühle. Und dazu muß ich irgendwo verankert sein. Wir sehr wir das brauchen und wie ganz unmittelbar wir auf solche „Anker" zurückgreifen, merken wir am besten, wenn wir in Not, Verzweiflung oder Krisen stecken. Dann kommen die Fragen: Wem kann ich mich in meiner Not überlassen?

An wen kann ich mich wenden? An solchen Tiefpunkten können wir uns nur etwas Größerem anheimstellen. Und das führt zu Fragen des Glaubens und Vertrauens. Wir können hoffen, das Gute, Rettende zu finden oder daß es uns finden möge. Das ist der Punkt, wo die meisten Menschen sich ihrer Engel besinnen, nach ihnen rufen und damit auch auf die zentrale Frage stoßen: Wer ist mein Retter, und wie kann ich ihn finden? Die christliche Antwort lautet, daß dies in und durch Gott geschieht. Gelingt es in solchen Situationen, Vertrauen zu gewinnen, statt in Resignation, Verbitterung, Selbstbestrafung oder Selbstanklage zu verfallen, so kann das ein erster Schritt in Richtung jener rettenden Kraft sein, die Gott zugeschrieben wird. Es bedeutet, daß man in der Lage ist, über sich hinauszusehen, daß man etwas anderes anerkennt oder zu ahnen vermag, was über die eigene Person hinausführt. Diese Wendung hat nichts mit einer infantilen oder regressiven Haltung zu tun. Ich meine, daß in ihr etwas Zentrales, Ernstzunehmendes enthalten ist, das in der Entscheidung jedes einzelnen liegt. Von einer höheren Warte aus gesehen wird die Hoffnung auf Bewahrung ganz menschlich, mit ihr ist Vertrauen und Glaube verbunden. Diese religiösen Empfindungen können in bescheidener Weise bewirken, daß Menschen barmherziger und liebender mit sich selbst umgehen. Ich kann nicht von Menschen erwarten, daß sie mich erretten, schon gar nicht von einem bestimmten Menschen. Das würde ihn heillos überfordern. Aber ich kann einer transzendenten Kraft meine Sehnsüchte und Hoffnungen anvertrauen, weil in einer größeren Kraft die Hoffnung auf das Rettende, das Gute aufgehoben ist. Hoffnung ist etwas anderes als Erwartung. Hoffen heißt nach Gott rufen, auch wenn unsere Stimme vielleicht ungehört bleibt. Es ist der Versuch und das Wagnis, sich in etwas fallen zu lassen, das wir nicht berechnen und kontrollieren können. Es ist wie eine offene Hand, die ins Leere hinaus hofft und vertraut.

Wir brauchen die Weitung unseres Blickes, um Distanz zu gewinnen und uns wieder neu zu verorten. In der antiken Philosophie galt es als eine Übung des Denkens, den Blick von der Erdoberfläche zu heben und in die unendliche Weite des Weltalls eintauchen zu lassen, um ihn dort in weiter Ferne wieder zurückzuwenden auf unser Gestirn. Beim Blick aus kosmischer Ferne, bei dem die Welt nur noch wie ein Punkt erschien, konnte man sich klarwerden über die Relation des Planeten, den die Menschen für die Welt selbst nahmen. Angesichts dieses „Augenblicks" konnte man sein Leben wieder neu sehen, neu orientieren. Es bewahrte davor, sich im Unwesentlichen zu verlieren. Marc Aurel empfiehlt, die Bahnen der Sterne zu beobachten und auf diesen Bahnen in Gedanken mitzufliegen. Man solle die irdischen Dinge so betrachten, „als ob man von irgendeinem höheren Punkt aus nach unten schaute". Diese Phantasien haben für die Menschen reinigende und orientierende Funktion. Diese Idee läßt sich abgewandelt auch heute anwenden. Ich verwende sie auch in meiner Praxis. Wenn beispielsweise der Blick eines Klienten eng oder starr geworden ist, so genügt es manchmal, daß ich mit ihm ans Fenster trete und ihn in die Weite blicken lasse. Aus Engung soll Weitung werden, das ist der Gedanke, den ich dabei in die Tat umsetze. Hier entstehen dann Phantasien, die ähnlich wie in Engelbegegnungen das eigene Leben quasi von oben anschauen lassen. Auch bei den Engeln geht es stets um die Fragen: Was ist wesentlich? Was ist wichtig? Schon von Kindheit an sind es Fragen des Menschen. Fünf- bis sechsjährige Kinder lieben es, immer wieder nachzufragen: Was ist dahinter? Es ist ein echtes Bemühen, daß Menschen von klein auf sich nach etwas ausstrecken, das das Nahe überschreitet, das über und zugleich in uns liegt. Eine Klientin fragte mich einmal: „Wozu brauche ich Gott, genügt es nicht, wenn ich den Sternenhimmel betrachte und nur staunen kann?" Auch in solchen Erfahrungen steckt eine Ahnung von den Eigenschaften, die man in den alten Texten mit Gott in Beziehung setzte.

Wenn die Phantasie oder die Realität übermächtig wird

Menschen, bei denen die Engel wie selbstverständlich zum Alltag gehören, nehmen an, daß jedes Ereignis, das sie in irgendeiner Weise mit ihrem Schicksal verbindet, ein Zeichen dafür ist, daß die Engel am Werk sind oder mit ihnen bestimmte Absichten haben. So sind viele Menschen davon überzeugt, daß mit den Engeln eine Energie von oben ihren jeweiligen Bedürfnissen entgegenkommt und in der äußeren Welt wirksam wird. Wenn diese Wirksamkeit wirklich so empfunden wird, ist es müßig, nach objektiven Beweisen dafür zu suchen — die Betroffenen haben sie ganz unmittelbar erfahren. Entscheidend ist doch, daß durch dieses subjektive Gefühl, von den Engeln begleitet zu sein, Energien frei werden, die sonst schlummern würden. Diese Menschen aktivieren plötzlich ein Potential, das mitunter Erstaunliches in Gang setzen kann, wie folgende Aussagen zeigen: „Seither gehe ich durch offene Türen." „Ich finde immer die richtigen Bücher zur rechten Zeit." „Mein Leben ist ein geführtes Leben, ich habe keine Angst mehr." „Ich bin viel großzügiger geworden, Geld bedeutet mir nicht mehr viel." „Ich habe es zum ersten Mal geschafft, fünf Kilo abzunehmen, weil es da so eine unsichtbare Hand gibt, die mir immer auf die Finger klopft, wenn ich wieder zum Kühlschrank greifen will." Hier erscheinen Engel tatsächlich als irdische Diäthilfen, warum auch nicht, wenn es auf diese Weise klappt!

Problematisch wird es erst dann, wenn die Phantasie übermächtig wird. Das heißt, wenn Menschen ihre Engel wie einen Gegenstand der äußeren Realität behandeln und die Phantasie so übermächtig und so handgreiflich wird wie alles andere, was uns so in der Wirklichkeit an Dingen und Personen begegnet und nicht mehr davon unterschieden werden kann. Ungewollt habe ich in einem Café folgendes beobachtet:

Zwei Freundinnen hatten sich verabredet, offenbar, um sich wegen einiger Unstimmigkeiten miteinander auszusprechen. Sie setzen sich, worauf die eine der beiden darum bittet, einen Stuhl zwischen ihnen frei zu lassen. Verdutzt fragt die andere, ob noch jemand kommen würde. Sie verneint, und nach langem Hin und Her gesteht sie: „Hier sitzt mein Engel!" So angenehm diese Art praktischen Umgangs mit ihrem Engel sein mag, so liegt hier doch die Gefahr, daß hiermit Traditionen magischen Denkens wiederbelebt werden, die mitunter dazu führen, daß Menschen nur noch Zuschauer ihres Lebens werden. Das geschieht zum Beispiel, wenn man felsenfest glaubt, unsichtbare Mächte könnten Dinge vollbringen, die jenseits aller Rationalität liegen. Das führt dazu, daß man die Hände in den Schoß legt. „Wenn man nur genügend Vertrauen hat", so schrieb mir eine Bekannte, „dann tun die Engel alles für uns." Sie wartet noch heute auf eine Arbeitsstelle, die ihr der Engel beschaffen soll. Ich hoffe nur sehr für sie, daß sie ab und zu zum Arbeitsamt geht und aufmerksam die Zeitungsangebote liest. Redet man von Engeln, ist die Versuchung nahe, die „engelhaften Verheißungen" allzu wörtlich zu nehmen und sich nicht auf seinen eigenen Kopf und die eigenen Hände zu verlassen. Engel sind eben keine Gegenstände der äußeren Realität, sondern innere Erfahrungen in einem eigenen Erfahrungsraum. Sie können unsere Realität zwar erträglicher und akzeptabler werden lassen, doch sie wollen sie nicht verleugnen, im Gegenteil: Sie wollen uns neue Energien geben, damit wir unsere Aufgaben und Probleme gut bewältigen können. Wir brauchen dazu immer wieder diese Distanz zum Alltag.

Wenn die äußere Realität überhandnimmt, sich nur noch Alltag zeigt, der uns fest im Griff hat, wenn sich keine Räume mehr jenseits davon öffnen, ist dies ebenfalls problematisch. Diese Situation kennt fast jeder: Es gibt Zeiten, in denen wir nur noch funktionieren, Tage, an denen wir nichts wahrnehmen, weil unsere Sinne nach innen gestülpt sind, an denen wir Schmerzen haben und düstere Gedanken und Ängste sich nicht vertreiben lassen. Dann schrumpft auch die Phantasie, alles geht irgendwie an uns vorbei. Wir haben unsere Antennen eingezogen und sehen nur noch die nackte Realität. In solchen Zeiten, wenn die Phantasie verlorengeht, gehen auch die Engel verloren. Doch es gibt auch Menschen, denen jegliche Vorstellungskraft fehlt, die nicht symbolisch, sondern allein physisch und konkret denken können. Für sie gibt es nur noch dingfeste Realität, die dann immer wieder gegen die Phantasie ins Feld geführt wird. Wenn nur noch das Faktische zählt, so gibt es keine Imagination, keine Spielräume mehr. Was bleibt, ist Enge, Einförmigkeit und Starre. Wo die Realität die Lebendigkeit der Phantasie vertrieben hat, gehen die besonderen Fähigkeiten der Symbolbildung verloren – die Engel verschwinden. Manchmal ahnen diese Menschen, daß ihnen etwas Wesentliches fehlt: „Die Engel weinen über mich", beschrieb ein Mädchen diesen Zustand.

In den Großstädten sieht man besonders viele Menschen, die sich schwarz kleiden und mit distanziertem Gesichtsausdruck über die Straße gehen. Ich frage mich dann immer, wo die Engel hingeraten sind. Coolness und Phantasiearmut schaffen zwar Distanz, doch es ist nicht die Distanz, die den Überblick ermöglicht. Hier sucht niemand eine Verbindung mit anderen Menschen. Diese scheinbare Sicherheit vertreibt auch die Engel. Das Piepsen der mobilen Telefone übertönt ihre Anwesenheit. „Lieber tot als eine Welt ohne Engel", so das Fazit eines Mannes, der sich in einer Diskussion über Engel zu Wort meldete.

Engel haben eigentlich nichts mit Starre und Abhängigkeit zu tun. Dennoch gibt es Menschen, die zu ihren Engeln ein Verhältnis wie zu Suchtmitteln haben. Sie sind abhängig von solchen Erfahrungen. Es ist nicht verwunderlich, daß sie in ihrem wiederholten Mühen nie zufrieden sein können, sondern immer wieder vor dem Gefühl der Vergeblichkeit stehen. In diesen Zusammenhang gehört jede Art von fetischistischem Umgang mit Engeln. Wenn Engel wie Sicherheitsobjekte behandelt werden, dann werden sie instrumentalisiert und ritualisiert. Sie setzen keine kreativen Phantasien und Handlungen frei, sondern dienen dazu, sich die Realität vom Leib zu halten. Sie werden gebraucht wie Schutzschilder. Das zeigt sich besonders bei Menschen mit starken Ängsten. Viele brauchen eine bestimmte Person, in deren Gegenwart sie sich dann relativ angstfrei fühlen. Ein ähnliche Rolle können für sie die Engel einnehmen, die als ständige Begleiter vor der Angst schützen sollen und ein Gefühl der Sicherheit vermitteln. Das ist dann oft ein Engel, der einen besonderen Namen bekommt und der mit magischen Kräften ausgestattet wird, die die Person schützen: *Mit ihrem kleinen Holzengel in der Tasche, berichtete eine Klientin, fühle sie sich sicher. Sie nannte ihn ihren „Engelsbruder". „Mit ihm habe ich keine Angst vor den anderen, sie sind mir fast egal. Ich kann arrogant, witzig, frech und böse sein, mich über andere lustig machen und über andere lästern." Als ich ihr einmal sagte, daß sie mich aber nicht in die Tasche stecken könne, schaute sie mich zum ersten Mal wirklich an.* Übergangsobjekte können irgendwann problemlos aufgegeben werden, aber Abhängigkeiten, die meist im Dienst der Angstabwehr und der Realitätsverleugnung stehen, führen ein Eigenleben, das den Handlungs- und Denkraum einengt. Hier kann dann leicht die Grenze zu einer ernsthaften Störung überschritten werden.

Engelerfahrungen zielen also nicht etwa darauf, Beziehungen zu Menschen zu ersetzen, sondern mehr darauf, sie zu erweitern und zu ergänzen. Sie sollen Spielräume eröffnen und nicht zu sehr von Angst oder deren Abwehr diktiert sein. In Kontrolle, Starre, Ritualisierung verflüchtigt sich die Kraft der Engel.

DIE SEELE NÄHREN

Die Bedeutung von Engeln im therapeutischen Prozeß

Wann immer Engelerfahrungen in den therapeutischen Prozeß eingebracht werden, muß ein hohes Maß an Vertrauen vorhanden sein. Denn bei diesen Erfahrungen geht es immer um leicht verletzbare, höchst intime und meist auch existentielle Inhalte. Der Hinweis, daß der Engelsglaube in den letzten Jahren immer mehr Menschen anzieht, zeigt ja auch, daß Menschen geschützte Räume brauchen, wo sie ihre verletzlichen, schutzbedürftigen Seiten leben dürfen.

Es sind immer besondere Momente in einer Therapie, wenn Menschen solche Erfahrungen mit mir teilen. Ich kann nicht sagen, daß es oft vorkommt, aber es geschieht immer häufiger. Vielleicht hat es auch damit zu tun, daß ich mich selbst solchen Erfahrungen immer mehr öffne und deshalb auch eher mitfühlender Resonanzboden und Begleiterin sein kann für jene Inhalte, die immer eine ganz bestimmte Qualität haben und für die man auch hellhörig sein muß. Es geht dabei immer um ein „Vielleicht", ein Ahnen, ein Andeuten, um etwas Atmosphärisches, das irgendwie im Raum ist, wenn Menschen von ihren Engeln sprechen. Ähnlich wie beim Musizieren geht es hier um das Berührtsein, das Empfinden, um Herzenserfahrungen in einem geschützten „Spielraum", in dem ich sein darf. Es sind immer Situationen besonderer Betroffenheit, die einer behutsamen und feinspürigen Umgangsweise bedürfen. Vor allem auch im Hinblick auf die Frage: War es wirklich ein Engel? Oder war es Einbildung? Halluzination? Wunschdenken? Wenn Menschen ihre persönlichen Engelsbotschaften, sei das nun musikalisch, poetisch oder bildnerisch oder einfach im Gespräch von Angesicht zu Angesicht einbringen, so werden fragende, leise Töne angeschlagen und Melodien intoniert, die mit Ahnungen, Sehnsüchten und nicht mit Wissen oder Fakten zu tun haben.

Engelerlebnisse sind in der Regel komplexer als das, was sie zunächst zeigen, als das konkrete Bild. Sei gehen darüber hinaus. Hintergrunddimensionen fließen mit ein, die dem Bewußtsein durchaus zugänglich sein können, aber auch Unbewußtes, Verdrängtes, also Untergrunddimensionen. Häufig sind die Menschen, denen Engel begegnen, allein mit sich selbst „im stillen Kämmerlein". Wird dieses Erleben nun vor einen Zeugen gebracht und vor einer anderen Person offengelegt, sind der Zeitpunkt und der Kontext sorgfältig zu betrachten: Warum gerade jetzt? Handelt es sich um einen Appell? Einen Neubeginn? Eine Offenbarung? Der gemeinsame Blick auf das Erlebte bringt noch eine weitere Dimension ins Geschehen, denn es erhält nun einen Zeugen. Das Erlebte bleibt nicht mehr verschlossen im Bereich der Selbstbeobachtung. Der intime Raum des Erlebens wird erweitert, es kommt zu einem Dialog, der allerdings nur möglich ist, wenn man sich sicher ist, daß man verstanden wird. Für den Therapeuten bedeutet dies, daß er sich bei solchen Erfahrungen in einem Raum bewegt, der es ihm nicht erlaubt, den Klienten zu führen oder bestimmte Inhalte nahezulegen. Er kann die betreffende Person nur begleiten und ihr behutsam folgen. Im Grunde geht es nur darum, daß der Therapeut einen sicheren Raum bereitstellt, in dem sich solche Erfahrungen entfalten dürfen. Denn jede Engelerfahrung ist in eigener und einzigartiger Art und Weise individuell, selbst wenn ein Klient sie mit einem Therapeuten teilt. Wie dies geschehen kann, wird an den folgenden Beispielen deutlich.

Im Schutzraum

Dora ist 42 Jahre und seit einem Jahr bei mir in Therapie. Ihre Lebensgeschichte zeigt das Thema Verlassenwerden und Ungeborgenheit in vielen verschiedenen Facetten auf. Als Mädchen fühlte sie sich „nicht dazugehörig", einsam. Als erwachsene Frau haben sich diese

Gefühle zwar etwas relativiert, aber sie sind noch bestimmend genug, so daß sie immer wieder in „Löcher" abstürzt, die ihr Selbstwertgefühl unverhältnismäßig stark in Frage stellen. In solchen Zeiten geschieht es, daß sie sich am Wochenende völlig in ihre Wohnung zurückzieht und nicht einmal die Fensterläden öffnet, geschweige denn ihre Haustüre.

Als sie mir das erzählte, dachte ich mir, daß sie sich dann wirklich in den dunkelsten trostlosesten Bereich ihrer Seele zurückziehe, nicht einmal ein Sonnenstrahl durfte in ihre „Höhle". Was sie dann in ihrer Wohnung mache, frage ich sie. Sie rede mit sich selbst, sie träume, höre Musik – immer die gleiche – und „lecke sich ihre Wunden". Irgendwann kamen wir darauf, wie schön es wäre, wenn eine andere Hand ihr die Wunden streicheln oder verbinden würde. Da begann sie zu offenbaren: *„Da gibt es eben etwas, das ich noch nie jemandem erzählt habe, weil ich es ja selber auch so merkwürdig finde. Manchmal, wenn ich auf meinem Sofa liege, erlebe ich etwas, das sich so anfühlt, als ob jemand neben mir sitzt und mir ganz sanft über den Arm streicht. Ich sehe diese Frau auch, sie ist weiß gekleidet, so ähnlich wie eine Krankenschwester oder Nonne. Ich weiß, die ist mein Engel – das ist ein Streicheln wie aus einer anderen Welt, eine Zartheit, die nicht von dieser Welt sein kann."*

Mir wird deutlich, daß dieses Sich-Zurückziehen in den dunklen Raum auch eine andere Dimension hatte, als ich zuerst dachte. Irgendwie brauchte sie diese Höhle, um sich eine Insel der Geborgenheit und Geschütztheit zu verschaffen. Eine Art „Zwischenreich" in ihrem sonst sehr aktiven und nach außen orientierten Leben als Sozialarbeiterin – etwas nur „für mich selber". Ich merkte, daß es wenig hilfreich wäre, ihren Engel als weiblich-mütterliches Symbol zu deuten. Viel wichtiger war in jenem Augenblick, ihr zu zeigen, daß ich ihr Erleben ernst nehme und bedeutungsvoll finde. Sichtlich erleichtert war sie, als ich ihr zu verstehen gab, daß sie mit ihrer „wunden Haut" auch wirklich etwas brauche, was ihr Balsam gibt. Was sie wirklich brauchte, war Einfühlung in die Bedeutung ihres Engelerlebens, jemand, mit dem sie es teilen konnte, ohne es zu erklären. Erst

später wurde die Bedeutung dieses taktilen Erlebens der Engel-
berührung für sie verständlich. Wie eine Kontrasterfahrung hob es
sich von dem ab, wie sie sich von ihrer Mutter berührt fühlte. „Sie
hatte so etwas Grobes, Ruppiges." Ihr Engel war der Ausdruck der
guten sorgenden Mutter. Eine Mutter, die sie feinfühlig berührt. Sie
brauchte diesen dunklen Raum, um sich ein Stück „Mutter" zu geben im Sinne von Berührtsein und Geborgenheit. Bringt man das in
einen überpersönlichen Zusammenhang, so wird ihr Satz „Gott ist
für mich so etwas wie ein gutes mütterliches Auge" verständlich. Ihr
Engel hatte Brückenfunktion nach beiden Seiten. Sie schien hiermit
mangelnde Geborgenheit nachzuholen. Schon als Mädchen hatte sie
sich in ihrem Zimmer oft in ihre „dunkle Höhle" zurückgezogen, um
sich „wieder ganz zu machen", wie sie sagte, aber sie suchte auch nach
einer „größeren Geborgenheit", einer Art Zwischenstation, in die sie
immer wieder einkehren konnte, auf der Suche nach ihrem mütterlichen Gott, den sie in sich zu entdecken hoffte. Nachdem ihr diese
Zusammenhänge etwas klarer wurden, konnte sie sich auch dem anderen Aspekt ihres Schutzraumes, dem des „Eingeschlossenseins",
öffnen. Ihr wurde bewußt, daß sie mit diesem Eingeschlossensein die
Möglichkeit des Kontaktes verhinderte und Einsamkeit bewirkte. In
einer der nächsten Therapiestunden malte sie ein Selbstbild mit
großen grünen Augen, die weit und offen in die Welt blickten. Im
Hintergrund zeichnete sie eine zierliche Frau, deren Blicke wohlwol-
lend auf ihr ruhten. Im Nachgespräch wurde deutlich, daß sie mich
damit meinte. Sie wollte mir zeigen, daß sie sich von mir gesehen
fühlt. Wie sich später herausstellte, war das aber keineswegs nur eine
momentane Empfindung, in ihr erwachte der Wunsch und die Sehnsucht nach Menschen, denen sie sich nahe fühlen konnte. Wir entwickelten Zukunftsperspektiven und Visionen, wie sie aus ihrer Einsamkeit „kleine Fenster" öffnen könnte, um zu sehen und gesehen zu
werden. Allmählich gelang es ihr, neue Wege zu begehen, um sich
Menschen auch außerhalb ihrer beruflichen Pflichtkontakte zu öffnen, die ihr halfen, aus ihrer selbstgewählten Isolation herauszutre-

ten. Ihr Engel trat in den Hintergrund, weil sie ihre Wünsche zunehmend in realen Beziehungen leben konnte. „Ich brauche meinen weißen Engel zur Zeit nicht", sagte sie, aber sie wußte, daß er wiederkommen würde, wenn sie nach ihm riefe.

Der kleine Elefant

Ingrid kam zu mir in Therapie, nachdem es ihr gelungen war, vom Alkohol frei zu werden. Das war ihr mit der Hilfe von Menschen, die sich als Alkoholiker, die trocken geworden waren, ihres nassen Zustandes liebevoll angenommen haben. Was sie herausgerissen hat, fragte ich sie. „Ich kann nur sagen, ich verdanke es dem Leiden." Ein eigenartiger Satz, dachte ich und wollte mehr darüber erfahren. „Das Leiden hat mich dazu gebracht, daß ich an einen Punkt kam, an dem ich nicht tiefer fallen konnte." Sie hatte, wie das auch andere Alkoholiker berichten, in der dunkelsten Stunde ihres Zusammenbruchs eine Lichterfahrung, wo ihr schlagartig etwas „einleuchtete". Sie wußte, entweder ich gehe zugrunde, oder ich lebe. 32 Jahre alt — und mein Leben? Sie beginnt zögernd über ihre Lichterfahrung zu sprechen. Sie deutet auf ihr Herz und sagt: *Hier kam plötzlich eine Kraft, wie ein Feuer, dann wurde es ganz hell in mir, und ich wurde vollkommen ruhig. Auf einmal hörte ich eine Stimme sagen: ,Ich bin bei dir.' Etwas bisher Unbekanntes begann in ihr zu wirken, etwas Unerhörtes war geschehen.* Mit wegschiebender Handbewegung sagte sie: „Ich weiß, daß das alles in mir ist — ich glaube nicht an diese kindischen Geschichten von diesem ,alten Herrn', der mir gegenübersteht wie so ein Richter oder ,big brother', nichts von all dem ... Es war eine Liebe, die ich plötzlich spüren konnte."

Dieses Stichwort „Liebe" wurde zu unserem Schlüsselwort. In kleinen Alltagsschritten probierte sie aus, was es heißt, liebevoll mit sich umzugehen. Sie begann, ausgiebige Bäder in ihrer Badewanne mit Tee und Kerzenschein zu zelebrieren, ihre Gitarre, die sie lange Zeit vernachlässigt hatte, holte sie wieder hervor, und sie nahm sich jeden Tag eine ruhige Zeit, um Tagebuch zu schreiben.

Auslöser, daß sie in eine tiefe Krise geriet, waren Sparmaßnahmen an ihrer Arbeitsstelle, die drohende Entlassung, die im Raum stand. „Ich bin nur eine Armeslänge weg von der Flasche", gab sie mir zu verstehen. Ich vermittelte ihr: „Vertraue darauf, daß du auch durch dieses dunkle Tal durchkommst." Als wir uns verabschieden, sagt sie: „Ich brauche irgend etwas, das mich hält." Sie suchte sich einen kleinen Holzelefanten aus meiner Sammlung aus, schaute ihn endlos lange an und berührte ihn mit einer sprechenden Gestik, als wollte sie sagen: „Wenn es dich gibt, dann hilf mir!"

In die nächsten Sitzungen brachte sie ihren kleinen Elefanten mit. Ich regte sie an, mit ihm in einen Dialog zu treten. „Paß auf mich auf", begann sie, „keine Angst, ich bin bei dir", ließ sie den Elefanten antworten. „Was soll ich denn tun? Ich schaff's nicht." In ihr begann langsam eine Bezugsaufnahme zu sich selbst, zu ihren tiefen Sehnsüchten und Ängsten. Ihr Elefant, den sie in der Hosentasche immer „griffbereit" bei sich trägt, eine Art „Engelvorläufer", der mit der Zeit immer menschlichere Züge gewinnt, ist zu einem Übergangsobjekt geworden. Ein Beistand, der sie schützt vor den äußeren Gefahren eines Rückfalls und gleichzeitig auch ihre Ängste besänftigt, denn seine Botschaft heißt ja: „Du bist nicht allein."

Eines Tages kommt sie — verändert, selbstbewußter, gelöster — sie hätte eine „Wahrheit" gefunden, war ihre Erklärung. Sie hätte etwas erlebt, das sie allen, die Suchtprobleme haben, weitersagen möchte. *Wenn man wirklich ernst macht mit dem Aufhören, dann kommen die Schutzengel. Das ist so! Aber man muß den ersten Schritt tun, man muß wirklich aufhören wollen — nicht nur mögen. Ich habe es erlebt. Ich habe meine Flasche Rotwein statt in mich in den Garten geschüttet. Am nächsten Tag erhielt ich die Zusage für eine neue Stelle. Ich weiß, das war ein Geschenk vom Himmel.* Nun wolle sie neu leben lernen und erfahren, wer sie ohne ihre „Krücke" sei. Sie beschloß, von nun an mehr auf das zu hören, was ihr ihr Engel zu sagen hatte. Nach Wochen beschrieb sie, wie sie so etwas wie eine Praxis des „Gewahrwerdens" in ihr Leben eingeführt hatte. Sie wollte es nicht „beten" nennen, sondern horchen, lauschen, um sich in die Führung ihres Schutzengels einzustimmen. Ihr Elefant, diese konkrete Figur, war abgelöst worden durch etwas, das ihr das innere Gefühl des Begleitetseins gab.

Engel werden geschaffen und entstehen durch innere Reifungsprozesse. War ihr Elefant ein äußerer Beistand beziehungsweise Vorläufer ihres Engels, so ist ihr Schutzengel nun eine tief gefühlte Vorstellung von Ganzwerdung und Gewahrwerdung. Er steht für den Weg zur Reifung und Heilung hinein in eine offene Zukunft, die sie selbstgestaltend in die Hand nimmt, weil sie erkannt hat, daß sie leben will.

Die Schlange

Gerhard bezeichnete sich selbst als „stabil-instabil". So war seine Therapie auch gekennzeichnet durch den fliegenden Wechsel verschiedener Symptome und ein vordergründiges Nicht-zur-Ruhe-kommen-Können. Auf meine Frage, wo er gerade sei, antwortet er: „Immer anderswo!" Oder: „Auf der Flucht." Die ständig wiederholte Frage: „Was mache ich denn falsch?" half nicht weiter. Ich versuchte ihm eine Antwort zu vermitteln, die in etwa so lautete: „Ich bin in diesem Zustand. Nur Barmherzigkeit und Zuneigung mir selbst gegenüber können mir da heraushelfen." Er wurde nachdenklich, zersetzende Wertlosigkeitsgefühle kamen an die Oberfläche und im nächsten Moment wieder Anflüge von Größenwahn. Es kam zu einem regelrechten Krieg zwischen dem „nur Guten, Besonderen, Erfolgreichen" und dem jeweils „Bösen, Wertlosen", auch in seiner Beziehung zu mir: Mal idealisierte er mich vollständig, mal wertete er mich nur ab. Ohne erkennbaren Anlaß schlug seine Stimmung manchmal in regelrechte Feindseligkeit um, und wenn ich in guter Absicht die Angelegenheit mit Worten klären wollte, kam es zu Wortgefechten. In einer denkwürdigen Stunde stand das Wort „abschmettern" im Raum. Ich wußte bald, daß ich sein Leiden nicht mit Worten erreichen konnte. Diese Worte stifteten eher Verwirrung in endlosen Diskussionen, als daß sie Klärung erlaubten. Ich gab zu bedenken, daß es manchmal besser ist, das Suchen nach Klärung und Verständnis ruhen zu lassen und sich der Bildwelt zu öffnen. Vielleicht taucht ein Bild, ein Gedanke oder eine Geste auf, wenn wir uns in den Raum des Stilleseins, des Bleibens begeben. Es war, als würde ich stellvertretend für ihn an die guten Kräfte glauben, die sich nach dunklen Lebensstrecken vielleicht wieder zeigen. Mehr noch – die Situation war derart negativ geladen, daß ich wußte, ich habe gar keine andere Wahl, ich mußte glauben – aus schierer Hoffnungslosigkeit. Aus der Stille heraus stieg in ihm ein Bild auf – ein Fötus gefangen in einer schwarzen Schlange. Er fühlt sich zutiefst bedroht und phantasiert Befreiungsversuche, die er allesamt mit dem Tod assoziiert. Wir spinnen Geschichten um diesen Fötus, dessen Leben nur im Verzicht auf eigenaktive Selbstwerdung möglich scheint. Sogar körperlich fühlt er die Umklammerung dieser Schlange. Irgendwann stand der Satz im Raum: „Nimm diese Schlange von mir!" Ich assoziiere das biblische „Nimm diesen Kelch von mir!" und denke, vielleicht erleben wir ein wenig Hilfe von dem Engel, der damals in Gethsemane stärkend eingriff. „Ich habe meinen Porsche, dafür keinen Engel", sagt er ironisch. Worüber er mit seinem Engel sprechen würde, wenn es für ihn einen gebe, frage ich ihn. „Ich würde ihn bitten, mir zu helfen, einmal mit ganzem Herzen dazusein." Aus diesen „Würde-Sätzen" entfaltete sich allmählich ein direkter Dialog mit seinem Engel, den er sich auf der bildhaften Ebene vorstellte, ein Dialog, der bis dahin nicht möglich war. Er sprach von seiner Angst, von seinen „Herzensfassaden", von seinen Täuschungsmanövern und von seinem tiefen Wunsch, sich einmal wirklich auf irgend etwas einzulassen. Ich ließ einfach geschehen, ich war Zeuge, wie er sich einer anderen Ebene öffnete – etwas Drittes einbezog – und dadurch mit den guten Kräften in sich in Berührung kam. Sein Kommentar: „Ich glaube, heute ist ein Fenster in mir aufgegangen." Das Gefühl hatte ich auch. Wir wußten beide, daß dies der Anfang von etwas Neuem war. Wir wußten auch, daß es immer wieder dunkle Zeiten geben wird, die beides bereithalten – das Scheitern oder auch den Neuanfang. Die guten Kräfte lassen sich nicht herbeizwingen, aber man kann sie immer wieder einladen.

Weil Gerhard ein schwaches Selbstbild hat, empfindet er jeden Kontakt als „Umklammerung" und erarbeitete sich deswegen Als-ob-Verhaltensmuster, die ihn davor schützten, mit dem Herzen präsent zu sein. Da er Zugang zu Bildern fand, konnte ein Dialog entstehen, der bislang nicht möglich war. Die Bilderwelt erlaubte ihm eine Art Dialog, der, weil nur indirekt emotional, ihm die nötige Distanz gewährte. Seine Angst vor dem Verschlungenwerden konnte auf diese Weise umgangen werden, und er war als ganze Person erreichbar. Gerhard hat sich in seinem Engel sozusagen gespiegelt. Er hat ihn mit seinen Ängsten und Sehnsüchten gefüllt. Indem er dies tat, bewegte er sich ein Stück auf sein eigenes Selbst hin. Eine Erfahrungsbewegung, die ihn dank seines Engels an die Quelle seiner Lebendigkeit – an sein Herz – führte.

Der verwilderte Garten

Wolfgang kenne ich schon einige Jahre. Er hat eine leitende Stellung in einer Firma, für die er die Auslandskontakte leitet, deswegen ist er fast ständig auf Reisen. Wann immer er länger in der Nähe ist, sucht er mich auf, um wie er sagt: „... ein bißchen aufzuräumen in meinem verwilderten Garten". Sein Garten war unser gemeinsam entwickeltes Bild, an dem wir immer wieder anknüpfen konnten. Worte wie Gefühl, Herz, Seele, Traurigkeit, Sehnsucht gehörten nicht zu seinem Wortschatz, aber das Bild vom Garten war eine Brücke zu jenem Bereich der Gefühle und Empfindungen, den er in seinem Alltag nur wenig lebte und zuließ. Als ich ihm sagte, daß ich selbst sehr auf meine inneren Bilder achte und sie ernst nehme als Botschaften aus dem Bereich meiner Seele, war er sichtlich erleichtert und nickte zustimmend: „Sie finden also nicht, daß das kindisch ist." „Im Gegenteil", sagte ich, „ich finde, daß Sie sehr nahe bei sich sind, wenn Sie

Ihre Bilder und Träume einfangen und mit mir teilen." Ich zeigte ihm, daß ich mich für die Schätze in seinem Garten interessiere und daß mich auch seine gefährlichen, giftigen Pflanzen nicht abschrecken. Er beginnt Hintergründe zu ahnen, biographische Bezüge zu erfassen — besonders die Beziehung zu seiner Mutter, die ihn wie einen kleinen Prinzen behandelte, alles irgendwie „toll" fand, was er leistete, und bei sämtlichen Verwandtschaftstreffen sich mit den neuesten Erfolgen brüstete. Als Reaktion darauf entwickelte er eine überkritische, selbstablehnende Haltung sich selbst gegenüber und ein Gefühl von „die anderen Menschen interessieren sich sowieso nicht für meine Gefühle". In einer wieder einmal übermäßig selbstkritischen Phase sagte ich zu ihm: „Mir ist, als würden Sie auf Ihre Blumen treten, während Sie ständig auf Ihr Unkraut hinweisen." Er begann von seinen Verwundungen zu sprechen, von dem tiefen Gefühl, nicht „richtig" zu sein, sich nicht an seinen Erfolgen freuen zu können. Was ihm fehlte, war das Gefühl, grundsätzlich akzeptiert zu sein. Dieses Gefühl ist aber nicht machbar. Es ist immer auch eine Gnade, annehmen zu können, daß man akzeptiert wird. Und letztlich bedeutet dies auch, in einem haltenden Bereich aufgehoben zu sein. Es war, als wären meine Gedanken bei ihm irgendwie „gelandet". Er begann von einem Traum zu sprechen, den er immer wieder hatte — ein Schlüsseltraum. Ein verwilderter Garten, voller Unordnung, Chaos — in der Mitte liegt ein großer Felsbrocken, und aus diesem wächst eine dunkelrote Blume. Eine Gestalt nähert sich dieser Blume und pflückt sie ab. Ich nehme wahr, daß er ziemlich verwirrt ist. „In dem Traum ist alles drin — mein ganzes Leben. Das Chaos, das Ungelebte und auch das andere, die Blume, die so stark ist, daß sie sogar aus einem Stein herauswachsen kann, und diese Gestalt, die mir sagt: ‚Pflück die Blume.'" „Wer ist diese Gestalt?" frage ich. „Ein Wesen, das mehr weiß als ich. Die kennt mich besser als ich mich selbst kenne." „Was sagt sie?" „Ändere dich, fang neu an, auch wenn um dich herum Chaos ist … Tue einen Schritt … Stell dir eine Blume auf deinen Schreibtisch."

Es war faszinierend, zu spüren, wie er durch das Aussprechen der Sätze seines „Wesens" in einen Dialog mit sich selbst kam, der ihm half, seinem Chaos ins Auge zu sehen und ihm gleichzeitig ein Stück Hoffnung in Form der Blume an die Hand gab, woran er sich festhalten konnte. Die Erwähnung des Wesens durchbrach eingespielte Denkmuster; Welten, die er bisher säuberlich getrennt hatte, rückten einander näher. Welche Folgen hatte das? Er begann sich mit seinem Chaos auseinanderzusetzen und entdeckte, daß sein „verwilderter Garten" Zukunft bereithielt, Spuren seiner Vergangenheit trug. „Aber es gibt Fortgang", bemerkte er. Und das Schöne an solch einem Garten – im nächsten Jahr sieht er völlig anders aus, weil er nicht berechenbar ist.

Im nachhinein kann ich auch sagen, daß sich sein Leben verwandelt hat. Er hat entdeckt, daß es in seiner Seele wirklich mehr Leben gibt, als ihm vorher bewußt war. Einer seiner Sätze, die er vor einer langen Reise aussprach: *„Früher dachte ich immer, es muß doch mehr als alles geben. Jetzt weiß ich irgendwie, daß es eine Dimension gibt, in der ich gerettet bin, trotz meines Chaos."* Vielleicht ist es in der Tat so, wenn jemand an seiner Unstimmigkeit und seiner Unordnung leidet, daß er in seinem Ahnen und Fühlen schon über sie hinaus, zumindest in potentieller Berührung mit etwas Größerem, Höherem oder Tieferem ist.

Engel können fliegen, weil sie sich selbst leicht nehmen

Dieses schottische Sprichwort paßt gut zum Schluß meiner Überlegungen. Wir können zwar nicht fliegen, aber wir können einen gewissen „Leicht-Sinn" entwickeln. Ich sage absichtlich Leicht-Sinn und nicht Leichtsinn. Damit meine ich eine bestimmte Leichtigkeit, die uns das Leben wie ein leichtes Gewand tragen läßt. Zumindest können wir hin und wieder den Traum vom Schweben zulassen – über den Dingen – so wird man nicht nur fähig, das Leben mehr zu genießen, sondern auch das Schwere und das Leid besser zu ertragen. Wer sich an das Gewicht des Lebens klammert, kann nämlich nur schwer loslassen.

„Bleibt, ihr Engel, bleibt bei mir!" Fast klingt diese Bitte der Arie aus Johann Sebastian Bachs großer Kantate zum Michaelisfest so, als hätte er vorausgeahnt, daß uns etwas Wesentliches verlorengeht, wenn die Engel uns verlassen. Vielleicht sind die Engel aus der Kirche ausgewandert, aber verschwunden sind sie nicht. Überraschenderweise treten sie mehr als erwartet auf, wenn man Menschen die verlorengegangene Selbstverständlichkeit darüber zu sprechen, in einem geschützten Raum wieder zurückgewinnen läßt. Die Engel sind wichtige und manchmal sogar lebenserhaltende Bilder der Seele. Die innere Vielfalt an Vorstellungen weist sie geradezu als Bündelungs- und Integrationspunkt unterschiedlichster seelischer Funktionen und Lebensbereiche aus. Bewältigung von Übergängen, Verlusten, Trennungen sowie das Erahnen und Erspüren von Transzendenz gelingen über Engel. Sie eröffnen einen Raum zwischen Mensch und seiner größeren Dimension. Engel öffnen auf diese Weise Räume und mehr noch: Sie haben teil an unserem Inneren, an unserer Seele und bilden eine Brücke, die es ermöglicht, in der Spannung zu leben zwischen dem, was uns bedroht, und dem, was uns bewahrt.

Die Geheimnisse der Engel sind mit den Geheimnissen der Menschen unlösbar verbunden. Die Engel sind für Menschen mehr als nur Phantasien oder Produkte ihrer Vorstellungskraft. Sie sind Ausdruck der Selbstwerdung, weil sie von Menschen geschaffen und gestaltet werden, die in diesem Prozeß zu sich selbst Distanz finden und damit auch bestimmte Probleme angehen, Entwicklungsschritte wagen können. Sie sind Ausdruck von Ereignissen und Menschen, die uns weiterhelfen und manchmal sogar unserem Leben eine neue Richtung geben. Wenn Menschen von Engeln sprechen, so meinen sie damit bestimmte bedeutsame Erfahrungen ihres Geschützt- und Getragenseins, die im Zusammenhang mit der eigenen Lebensgeschichte stehen und mit dem Reichtum an schöpferischen Gestaltungsmöglichkeiten.

Wenn man über Engel spricht, schreibt oder liest, so geht es immer wieder darum: Fragen in sich wachrufen zu lassen, um auf sie mit Hilfe der verschiedenen Überlegungen und Beispielen, die ich in diesem Buch anbieten konnte, Antworten zu suchen. Wer diesen Perspektivenwechsel von sich selbst zum Buchinhalt und zurück zur eigenen Geschichte seiner Engel mitvollzieht, wird neue Einsichten gewinnen. Wenn man Fragen zu den Engeln hat, die einem am Herzen liegen, wird man durch die Erfahrungen anderer auch seine eigenen Einsichten über die Engel vertiefen. Ohne das eigene Berührtsein werden meine Überlegungen vielleicht interessant, letztlich aber unverbindlich bleiben. Verstehen die Leser dieses Buches die Engelerfahrungen anderer auch als ihre eigenen Möglichkeiten, dann machen sie einen Sinn, denn sie setzen das eigene Suchen und Fragen in Gang. Über Engel zu schreiben heißt, sich einem Raum zu öffnen, in dem es keinen abschließenden, unüberholbaren Standpunkt gibt, sondern ein Offensein für Ergänzungen, Korrekturen und neue Einsichten. Fred Weyrich hat diese Relativität in den hübschen Vers gefaßt: „Schutzengel sind zwar Himmelswesen, gottbefohlen, handverlesen – übermenschliche Gestalten! Dennoch: Irrtum vorbehalten!"

Literatur

Adler, Gerhard: Erinnerung an die Engel. Wiederentdeckte Erfahrungen. Freiburg, Basel, Wien 1986

Berger, Peter L.: Auf den Spuren der Engel. Freiburg 1991

Berger, Peter L.: Sehnsucht nach Sinn. Frankfurt, New York 1996

Block, Detlev: Mein Engel soll bei euch sein. Lahr 1993

Bolen, Jean Shinoda: Krankheit und die Suche nach dem Sinn. München 1998

Csikszentmihaly, Michael: Das Flow-Erlebnis. Jenseits von Angst und Langeweile: Im Tun aufgehen (1975). Stuttgart 1985

Dolto, Françoise: Erinnerungen an die Kindheit. Weinheim, Berlin 1987

Fox, Matthew; Sheldrake, Rupert: Engel. Die kosmische Intelligenz. München 1998

Giovetti, Paola: Engel. Die unsichtbaren Helfer der Menschen. München 1989

James, William: Die Vielfalt religiöser Erfahrung. Frankfurt, Leipzig 1997

Kaplan, L. J.: Die zweite Geburt. München 1981

Katz-Bernstein, Nitza: Das Konzept des „Safe Place" – ein Beitrag zur Praxeologie Integrativer Kinderpsychotherapie. In: Metzmacher, B.; Petzold, H.; Zaepfel, H. (Hg.): Therapeutische Zugänge zu den Erfahrungswelten des Kindes von heute. Paderborn 1996, S. 113 ff.

Kübler-Ross, Elisabeth: Über den Tod und das Leben danach. Melsbach/Neuwied 1984

McLean, Penny: Schutzgeister. Die Trilogie. München 1997

Moolenburgh, H. C.: Engel als Beschützer und Helfer des Menschen. Freiburg 1997

Leuenberger, Hans-Dieter: Engelmächte. Vom praktischen Umgang mit kosmischen Kräften. Freiburg 1993

Moser, Tilmann: Von der Gottesvergiftung zum erträglichen Gott. Psychoanalytische Überlegungen zur Religion. In: Das Plateau. Nr. 44, 12/1997, S. 4–19

Neubaur, Caroline: Übergänge. Spiel und Realität in der Psychoanalyse Donald W. Winnicotts. Frankfurt/M. 1987

Nigg, Walter; Gröning, Karl: Bleibt, ihr Engel, bleibt bei mir. Frankfurt, Berlin, Wien 1978

Petzold, Hilarion: Leben als Integrationsprozeß und die Grenzen des Integrierens. In: Petzold, H.; Sieper, J.: Integration und Kreation. Bd. 1, Paderborn 1993

Rilke, Rainer Maria: Sämtliche Werke. Erster Band. Frankfurt/M. 1955

Rosenberg, Alfons: Engel und Dämonen. Gestaltwandel eines Urbildes. München 1986

Rupprecht-Stroell, Birgit: Schutz-Engel. Wie Sie in Kontakt mit Ihrem Engel treten können. Landsberg 1997

Singer, J. L.: Imaginative play and pretending in early childhood: some educational implications. In: Journal of Mental Imagery 1/1977, S. 127–144

Spitz, René: Vom Säugling zum Kleinkind. Stuttgart 1967

Stern, Daniel: The interpersonal world of the infant. New York 1985

Stubbe, Ellen: Die Wirklichkeit der Engel in Literatur, Kunst und Religion. Münster 1995

Weinreb, Friedrich: Begegnungen mit Engeln und Menschen. Zürich 1988

Wenberg, Egon: Plädoyer für Engel. Freiburg 1994

Winnicott, Donald W.: Wie Kinder lernen (Vortrag vom 5. 6. 1968). In: Ders.: Der Anfang ist unsere Heimat. Essay: Zur gesellschaftlichen Entwicklung des Individuums (1986). Stuttgart 1990, S. 156–164.

Winnicott, Donald W: Transitional objects and transitional phenomena. (1951) In: Ders.: Von der Kinderheilkunde zur Psychoanalyse. Frankfurt 1988

Winnicott, Donald W.: Vom Spiel zur Kreativität (1971). Stuttgart 1987